国家出版基金项目

20世纪人文地理纪实 第二辑
主编：杨镰

滨江尘嚣录

辽左散人／著　张颐青 杨镰／整理

Binjiang Chenxiaolu

中国青年出版社

（京）新登字083号

图书在版编目（CIP）数据

滨江尘嚣录/辽左散人著;张颐青,杨镰整理. —北京:中国青年
出版社,2012.12

（20世纪人文地理纪实）

ISBN 978-7-5153-1251-4

Ⅰ.①滨…　Ⅱ.①辽…②张…③杨…　Ⅲ.①哈尔滨市–地方史
Ⅳ.①K293.51

中国版本图书馆CIP数据核字（2012）第271291号

*

中国青年出版社 出版 发行

社址：北京东四12条21号　邮政编码：100708

网址：www.cyp.com.cn

编辑部电话:(010)57350511　门市部电话:(010)57350370

三河市世纪兴源印刷有限公司印刷　新华书店经销

*

675×975　1/16　16.25印张　2插页　190千字

2012年12月北京第1版　2012年12月河北第1次印刷

印数:1–5000册　定价:32.00 元

本图书如有印装质量问题,请凭购书发票与质检部联系调换

联系电话：(010)57350337

《20世纪人文地理纪实》

总　序

　　20世纪，是人类社会进展最快的世纪。20世纪的通行话语是"变革"。

　　就中国而言，自进入20世纪，1911年"辛亥革命"为延续数千年的中国封建王朝的谱系画上了句号，1919年"五四"运动，新文化普及，1921年中国共产党成立，为现代中国奠定了基础。20世纪前50年间，袁世凯"称帝"、溥仪重返紫禁城，北伐、长征、抗日战争……直至1949年中华人民共和国成立，新中国受到举世关注。此后，特别是从"文化大革命"到改革开放，这些历史事件亲历者的感受，深刻影响了一代又一代人。

　　20世纪是中国进入现代时期的关键的、不容忽视的转型期，以20世纪前半期为例，1900年，"八国联军"践踏中华文明，举国在抗议中反思；1901年，原来拒绝改良的清廷宣布执行新政；1906年，预备立宪……以世界背景而言，"十月革命"，两次"世界大战"，成立联合国……1911年到1949年，仅仅历时30多年，中国结束了封建社会，经历了半封建半殖民地到社会主义的巨大跨越。反思20世纪，政治取向曾被视为文明演进的门槛，"不是革命就是反革命"，不是红，就是黑，一度成为舆论导向，影响了大众思维。

　　无可否认，在现代社会，伴随社会的进步、发展，中华民族的民主、科学精神逐步深入人心的过程，是中国历史最具影响力的事件，是可持续发展的推动力、中国现代时期的鲜明特点。

《20世纪人文地理纪实》则为这一影响深远的历史过程，提供了真实生动的佐证。

20世纪的丰富出版物中，一定程度上因为政治意图与具体事件脱节，人文地理著作长期以来未能受到充分关注，然而文学、历史、政治、文化、语言、民族、宗教、地理学、边疆学、地缘政治……等学科，普遍受到了人文地理读物的影响，它们是解读20世纪民主、科学思维成为社会主流意识的通用"教材"。

人文地理纪实无异于在社会急剧变革过程进行的"国情调研"，进入20世纪的里程碑。没有这部分内容，20世纪前期——现代时期，会因缺失了细节，受到误解，直接导致对今天所取得的成就认识不足。

就学科进展而言，现代文学研究是最早进入社会科学研究前沿位置的学科之一，《20世纪人文地理纪实》则为现代文学家铺设了通向文学殿堂的台阶：论证了他们的代表性，以及他们引领时代风气的意义。

与中华文明史、中国文学史的漫长历程相比，从"辛亥革命"到中华人民共和国建立，30多年短如一瞬间，终结封建王朝世系，弘扬社会主义精神文明，是现代时期定位的标志。

"人文地理"，是以人的活动为关注对象。风光物态、环境变迁、文物古迹、地缘政治……作为文明进步的背景，构建了"人文地理"的学术负载与阅读空间。

关于这个新课题，第一步是搜集并选择作品，经过校订整理重新出版。民国年间，中国的出版业从传统的木刻、手抄，进入石印、铅印出版流程，出版物远比目前认为的（已知的）宽泛，《20世纪人文地理纪实》的编辑出版，为现代时期的社会发展提供了参照，树立了传之久远的丰碑。否则，经过时间的淘汰，难免流散失传，甚至面目全非。

《20世纪人文地理纪实》与旅游文学、乡土志书、散文笔记、家谱实录等读物的区别在于：

人文地理纪实穿越了历史发展脉络，记录出人的思维活动，人的得失成败。比如边疆，从东北到西北，没有在人文地理纪实之中读不到的盲区。21世纪，开发西部是中国现代化可持续发展的重要内容。开发西部并非始于今天，进入了现代时期便成为学术精英肩负的使命：从文化相对发达的中原前往相对落后的中西部，使中西部与政治文化中心共同享有中华民族的丰厚遗产，共同面对美好前景。通过《20世纪人文地理纪实》，我们与开拓者一路同行，走进中西部，分享他们的喜怒哀乐、分担他们的艰难困苦。感受文明、传承文明。源远流长的华夏文明与中华民族的文化，不会因岁月流逝、天灾人祸，而零落泯灭。

《20世纪人文地理纪实》是20世纪结束后，重返这一历史时期的高速路、立交桥。

为哈尔滨屏除尘嚣的实录

张颐青　杨　镰

哈尔滨，是中国东北三省最东的黑龙江省省会。东北是满族"龙兴之地"，很长时期不容外人涉足。到了晚清，东北三省以黑龙江与哈尔滨为实例，松弛了禁令，成为新兴的"处女地"，"走西口"与"闯关东"并称为中原民间为改善生活所向往的福地。

清中期以来，西部新城乌鲁木齐日益繁华，被称为"小南京"，哈尔滨则从一片"荒凉野场"，经过20世纪前30年间的发展，誉为"东方圣彼得堡"，又有"小巴黎"之称，成为名实相符的花花世界。而辽左散人编著的《滨江尘嚣录》（封面副题"居游哈尔滨之唯一指南"），实录这一过程，是东三省转型期间，受到举世关注的范本。就20世纪前期人文地理纪实而言，《滨江尘嚣录》不是新地方志（乡土志），也不仅是游览指南，更不是官方的文件、指令汇编。

书前《凡例》对书名"滨江尘嚣录"做的解读是："本书不曰指南，而曰'尘嚣录'者，盖因……是书侧重于繁华叫嚣方面。用纯正之文笔，言简意赅，述而出之。"

《滨江尘嚣录》以18万字的篇幅、50幅图片，提供了哈尔滨地区上至行政、军政、经济、工商、交通、教育、游览等，下至戏剧界艺人，直至社会最底层（"妓女"、"土娼"），"私生子救养所"、"盗患"、"火灾"的实况。探及社会上的奢靡风气、服饰的时髦式样与流行渠道，出现了"半俄式"语言、沿街构筑俄式建筑、松花江铁路桥、松花江港湾停靠轮船、俄式火车站大楼……社会的方方面面，其中揭露社会各种阴暗龌龊的现象充满细节。

《滨江尘嚣录》成书30年前（19世纪末），哈尔滨"固一片荒凉野场也"，在30年间发展成为初步繁荣的都市。至于"哈尔滨"是什么意思，是出自满语，一说"晒渔网"，一说"打渔泡"，"至滨江之名，则设治后之称也"（《历史》章第二节）。

《历史》章第一节"俄帝国强盛时代之经营满洲"，第二节名为"三十年前之哈尔滨"，第三节题目则是"铁路建筑之后之变迁情形"。作为时代背景，铁路建筑是哈尔滨进入现代时期的基础。

总之，作者（"辽左散人"）通过十年间的见闻，记录了哈尔滨伴随东北"解禁"的畸形繁华，同时又将笔触涉及底层的各个角落，客观真实地、细致入微地反映了当时哈尔滨社会的现实状况。

作者以记者的敏锐眼光，研究者的缜密思维，文化精英的使命与担当，面对急剧发展的社会的兴旺发达与种种弊端痼疾，具有超前的眼光，甚至考虑到若干年以后将面临的生态能源危机。使人感到《滨江尘嚣录》的作者是爱国者，有政治头脑和治理才能，有博大胸怀与爱心。如何对待因中原多故、烽火四起、逃避苛政而"闯关东"的各色人等，对他们来哈尔滨，从租房、物价、谋职所遇到的职业比较、薪饷多少、录用条件，凡谋生所涉及到的注意事项一一列出，对待青年学子升学选校、今后就业求职发展等方方面面，给予了无私的指导和提示。

《引言》倡言：

不佞人海浮沉，饱经世变。息影滨江，倏逾十年。每念花花世界，易迷有众。攘攘群生，诡诞多端，不禁戚然忧之。久欲将十年来，客兹滨江，举凡目睹之现象，变迁之历史，实业之概况，风俗人情，行政交通，以及消遣琐闻，食宿游览，挈领提纲，详分章节，述而出之。使来斯土者，既免歧途之误；巡方览胜者，更可少借问之劳。

这可以算作辽左散人的创作初衷吧。可以说，《滨江尘嚣录》的写作是为哈尔滨进一步开放、发展、繁荣而屏除尘嚣。

《滨江尘嚣录》分引言、历史、区分、机关、交通、实业、谋生、消遣、琐记等章，各章中作者详细周到地罗列了哈尔滨现实生活的方方面面。调查诸多行业，不要说在民国前期，作为信息时代的今天，也不容易办到。作者调查之详细周密，没有时间和精力绝对做不到，特别是针对当时社会上出现的一些弊端，提出合理的治理办法，使人感到作者具有责任感、使命感，并有远见卓识。比如《实业》章"输入输出之统计"节，处处用翔实、准确之数字来解读经济形势，既有说服力，又有远见。

《区分》章的"人口"节，涉及到每一国家在哈尔滨有多少居留人口（侨民），准确到个位数，就连只有1人的比利时也列在其中。又如附录一《游览滨江指南》，从气候适宜的时期、途中须知、抵哈后雇车投店、各旅馆价格与规章，甚至设计出一周游览的日程。

总之，凡是涉及到的各部门、各行业都有一定的历史资料和人物背景，以及翔实准确的数字，借助珍贵图片，成为新民生的再现。

《琐记》章，作者"将斯土之风俗人情、奇闻壮观，择其足录者，别为六十则……"不但涉及到哈尔滨的各个犄角旮旯，揭示了社会的阴暗面，也反映出人性的正直、善良的一面。如本章第四十九节"警长之可风"，记述特区地方法院一位宋警长，办案中遇到犯人家属向其行贿，贿金相当可观，却不为所动，如数上交，结案后受到上司的破格奖励和表彰。又如第三十六节"滨江姊妹墓"，写了一位父亲，对一双突得重病相继离世的姊妹，生离死别之情，使读者无不动容。

《区分》章"街市"节指出："以马路之建筑论，哈埠之一部分马路，可谓独冠华北。……稍著名之街市，均铺以长方长石，长约尺许，阔约半尺，厚约半尺。……此种马路，既无尘土飞扬，又免雨天泥泞，且坚固耐久，虽历数年，犹平坦如初。……至马路旁之水道沟渠，尤称便利，均以石砌成，永无淤塞塌坍之患。虽夏日大雨如注，顷刻间即宣泄无遗。"哈尔滨从"打渔泡"起步，进入了东北城市化的前列。

在时人眼中："哈尔滨当欧亚交通之孔道，为东北唯一之名都。在先有'东方圣彼得堡'之称，最近又有'小巴黎'之誉。乌可不有著书，以记其繁盛之迹乎？"（王丕承《滨江尘嚣录》序）以上是从繁盛做的评价。哈尔滨是北京、上海以外，中国当时唯一具有"小联合国"性质的城市。"哈埠华洋杂处，近年来人口有加无已。……据最近之调查统计，华人为二十七万四千三百六十九人，俄籍二万八千八百五十人……"几年前（民国十四年）哈尔滨的俄国人是九万二千八百五十二人，"十月革命"后，在中国的俄国人仅剩三分之一，除华人，俄、英、法、德、美、日等共有二十三国外国侨民，达到六万八千四百〇三人（包括无国籍者三万一千四百三十三人）。在写作《滨江尘嚣录》时，哈尔滨人口，中外总计三十四万二千七百七十二人。"以发展仅三十年之地域，人口竟如此之众"（《区分》章"人口"节）。

中俄关系，是哈尔滨主要的涉外领域。第三章《机关》第一节，以收回国权为前题。

中日甲午战争后，李鸿章前往俄国祝贺沙皇尼古拉二世加冕，与俄人签订密约"二十一条"。致使俄国得到铺设东三省铁路权，俄国遂于光绪二十二年（1896），着手在我国东北修铁路，后又借义和团之变，拥重兵深入腹地。可谓"引狼入室，揖盗进门"。清政府特派钦差驻俄大臣许景澄，与俄政府签订中俄"合办"《东省铁路公司合同》十二款，俄人大为有利可图，条款成为俄人在东省扩地凭藉。五年后，黑龙江铁路交涉局总办周冕私下与俄人订《展购地亩合同》，使俄人"展地之议"合法化。光绪三十三年吉林、黑龙江二省当局与俄人商榷数月，将之前所订合同作废，同时另订《江省展地合同》四十款及《吉省展地合同》十三款，自此，俄人在东北黑龙江、吉林两省"合法"侵占土地，攫取路权，干涉行政，擅驻军队等，愈发变本加厉。

"从前国权，自东省铁路建筑后，俄人动辄借口维持治安等名词，沦落俄人手中者有年矣。"及欧战（第一次世界大战）猝起，俄国政变（按：指二月革命、十月革命），无暇顾及中国东北地区，中华民国遂渐次第次收回俄国侵占的东北铁路局之地亩主权。

辽左散人笔下，与俄国（沙俄、苏俄）的交涉是重中之重。对东北与黑龙江的国计民生影响深远。

"自民国六年十一月，迄七年六月止，为大混乱时期，犹之法国大革命之大恐怖时期焉。当时维持治安，厥功甚伟者，即滨江县知事张曾矩是也。"（《机关》章第一节）民国七年，滨江县知事张曾矩受命兼充哈尔滨临时警察总局局长，九月三日，驱逐东省铁路公司总办霍尔瓦特，接收俄警机关。此后陆续成立市政管理局、行政长官公署、地亩管理局、教育局、哈尔滨特别市市政局等，及滨江一地之各行政机关。同时国民政府派军队赴哈尔滨，渐次解除俄军武装，遣之出境，将军政、司法大权一并收回。从此东铁路线内，军事行政，完全归中国管辖，在俄人手中各种权力陆续收回，俄人蚕食我国领土的野心，得到了彻底遏制。"尤为人传诵者，若（民国）十五年一月之停车案。东铁局长伊万诺夫，擅行停驶南路列车。……俄方又宣称以武力为后盾，集雄兵若干。"面对俄方雄兵，"我方亦调兵遣将，誓加对抗。北满风云，顿见紧张。""除逮捕伊万诺夫外，又使列车照常开驶，俄方竟无可如何，俯首听命。"（《琐记》章第八节"为政在人"）

　　除了铁路路权，江河航权也是黑龙江的命脉。收回东北航权，构成《滨江尘嚣录》的《交通》章第一节：当时"除松花江为我国疆域内之水，其黑龙、乌苏里等江，均为中俄国际河流……回溯七十年前，固皆我领土内之水流也。"七十年前——咸丰八年（1858）订立《瑷珲条约》，黑龙江以北二百四十万平方里，不归我有。咸丰十年《北京条约》签订后，乌苏里江以东一百三十万平方里之地域又为俄有。因我国彼时航业未兴，虽条约明载"只许中俄两国可以航行"，实际并无华船只影。至是黑龙江、乌苏里江两江之航权，完全为俄人把持。直到民国七年，俄国政变（按：指"十月革命"），我国才陆续收回东北航权与路权。

此外，《琐记》章三十七则"燃料问题"，超前考虑到能源危机：

　　滨江人口，都三十四万余，日用唯一之燃料，即专恃木桦（按：即成段的原木）一宗。……以滨江之大，每日通常计之，需木桦三十万斤，实为滨江人民之命脉也。……年复一年，森林砍伐之量，实超越于新植之量。是以桦价奇昂……若果恃天然之广漠森林，又乌克有济乎？东省虽号称天府之国，土地肥沃，特产甚多，山川矿源，蕴藏最富，但亦须人力以辅之，就森林一项而言，长此大量砍伐，焉有不日趋减少之理？为望官府人民，合力组织大规模之森林公司，一面开发富源，一面培植富源，本'十年树木'之旨，立永远富强之基，国计民生，胥利赖之。

　　这是近一个世纪之前对国计民生的深思熟虑，那时的东北是中国的"绿库"。

　　在《琐记》章，还对社会腐败、奢靡、娼妓、盗匪及黑社会势力等给予翔实披露。如"车夫之野蛮"——则写道："最为万恶者，厥为当时诸马车夫，多属匪类，彼辈阳为载客，实则每于夜间，载客至人烟稀少之地，骤出其预先藏于坐内之利斧，即行将客劈死，然后遗尸于路旁，而饱载以去。"

　　地广人稀的东北，车夫是"陆地之王"，此类问题也纳入"盗患"一则。

　　又如"术士之欺人"、"入宅之骗术"、"估衣商之伎俩"、"皮衣商之骗人"、"剪绺之技能"等，都是揭露社会上欺诈盗窃之骗术，善意提醒来哈之人，小心此等社会人渣的伎俩。"可鄙可恨之营业"、"花店"、"恶社会之蠹"、"妓女之检验"等，揭露以经营娼窑为生或专业拉皮条之人。以这个社会现象与"缝妇"等生活的艰难万状相比。总之，作为新兴的都市，善恶并举、泥沙俱下，在所难免。

"阴阳界"及"兴奋剂之畅销"等内容，是揭露社会上吸毒现象的有力一笔："本埠松花江年来有'阴阳界'之称，……江北（指特区）烟禁大开，江南则厉禁如故，斯以仅一江之隔，即别有天地，谓非一地方之奇闻耶？江北为黑省之松浦镇，人口不过数千，烟馆竟达二百余家，每日专恃江南大多数之瘾君子渡江惠顾。"

据有关记载，《滨江尘嚣录》作为民国出版的书籍即便在东北哈尔滨本地，也相当罕见。一种说法是，出版之后，《滨江尘嚣录》受到了黑社会势力的抵制甚至销毁。这说明，《滨江尘嚣录》的内容是真实客观的，黑龙江、哈尔滨进入现代时期的繁荣兴盛、民生改观，与企图干扰社会进步的逆流，都呈现在作者笔下。言及哈尔滨从"晒渔网"、"打渔泡"场所，过渡成新型都市，被视为中国东北的地理标志，借助《滨江尘嚣录》的文字与图片，如同做了一次从今天返回到20世纪前30年间的"穿越"。

《滨江尘嚣录》作者刘静严，署名为"辽左散人"。据写于民国十八年六月的"引言"，在经历了"人海浮沉，饱经世变。息影滨江，倏逾十年"。书前有一帧"著者肖像"，身着旗装，年纪大约在30—40岁之间。

在《滨江尘嚣录》出版前，中国地学会创始人之一林传甲来到黑龙江，林传甲在宣统年间编著的《黑龙江乡土志》不分卷，内分地理、历史、格制三篇，篇下分课，各课均有插图。是《大中华地理志》早期成书的一种。林传甲所修志书独具特色，突破官方《乡土志例目》要求，走出"按目考查，依例编撰"的定规，注重实用，从实际出发编成320课，内容充实，既是一部通俗的黑龙江历史地理读物，又是一部青少年启蒙教材。1914年9月12日，北京政府教育部聘任林传甲为佥事，仍留黑龙江省。后因病辞职，离开黑龙江省，周游各地。民国八年八月，以人文地理的视角撰写了《大中华京兆地理志》。

林传甲离去之后，伴随黑龙江与哈尔滨受到更大的关注，刘静严（"辽左散人"）进入《滨江尘嚣录》的写作过程，与《大中华京兆地理志》先后成为民国前期人文地理的经典。

本次整理《滨江尘嚣录》（封面副题"居游哈尔滨之唯一指南"）所用底本，是中华民国十八年（1929）六月二十五日初版的版本，由新华印书馆工厂印刷。

东省特别区行政长官公署

东省铁路护路军总司令部

东省铁路督办公署

东省铁路公司

哈尔滨市街之一道里中央大街

哈尔滨市街之二道外正阳大街

哈尔滨市街之三道外正阳大街

哈尔滨市街之四道外正阳大街

哈尔滨市街之五道外头道街

哈尔滨市街之六道里新城大街

哈尔滨市街之七八站许公路

哈尔滨市街之八马家沟通道街

哈尔滨市街之九秦家岗新买卖街

哈尔滨广播无线电台

哈尔滨总车站（其一）

哈尔滨总车站（其二）

道里公园

道外公园

霁虹桥

八站火磨之一

业务猛进之兰海实业公司

兰海实业公司营业情形之一斑

哈尔滨新华印书馆总发行所（道外南三道街）

新华印书馆印刷厂外部之景（八站五柳街）

新华印书馆印刷厂内部情形之一

新华印书馆印刷厂内部情形之二

滨江姊妹墓

许公纪念碑

江上风光之一

江上风光之二

江上风光之三

江上风光之四

江沿市场

松花江大铁桥

滨江大舞台

滨江荟芳里（其一）

滨江荟芳里（其二）

滨江荟芳里（其三）

土娼之一

土娼之二

浴佛节日极乐寺盛况之一

浴佛节日极乐寺盛况之二

浴佛节日极乐寺盛况之三

松浦镇之大烟馆（其一）
（迄本年五月七日方始禁绝）

松浦镇之大烟馆（其二）

松浦镇之大烟馆（其三）
凭栏俯视者为女招待员

特别区大运动会中女界新气象之一（十八年五月）

特别区大运动会中女界新气象之二

特别区大运动会中女界新气象之三

著者肖像

目录Contents

附　　录

滨江尘嚣录

凡　例

一、本书共分八章，计三十八节，六十则琐记，五附录，举凡哈埠之历史、区分、机关、交通、实业、谋生、消遣、琐闻，以及风俗人情、食宿游览，罔不罗致靡遗，务使哈埠诸情势，一览无余。

二、年来他乡之士，因种种之原因，不惮跋涉之苦，关山重叠，辗转前来者，比比皆是。或为干升斗之录，或聊谋糊口之方，惟于个中情形，率多茫然。本书特辟谋生一章，首述本埠生活之状况，次述军警、政学、工商、交通，以及其他各界之薪金数目，与谋事手续，前后步骤等。对于血气未定之青年士子，更著专节，详指前程，为他种指南等书所无，尤属别开生面。

三、本书不曰指南，而曰尘嚣录者，盖因指南等书，不过平铺直叙而已，仅可备巡方览胜者之参考，且文字简陋，令人不能卒读。是书则侧重于繁华叫嚣方面，用纯正之文笔，言简意赅，述而出之。

四、从来各指南等，对于实业之部分，仅述其当地各种工厂商号之名称，兴味索然，使读者一览既竟，尚未晓其当地经济界之大势趋向若何。本书则力洗斯弊，以超然之实业眼光，用归纳方法，扼要述出，对于输出输入之统计，不惮其详，而于外商在本埠经济界之潜势力，更专节以论之。原冀谋国之士，或可闻风兴起，以挽利权，而固国本。

五、本书对于机关一章，非但述其现在之组织，且于已往之历史，尤追溯陈之，使读者观念，有一定之系统，不致凌乱无序。于各机关之职员姓名，并未编入，谚云：铁打衙门流水官，占若多之篇幅，载无用之文字，实令人一望生厌。但于必要之姓名，则略述一二，以清眉目，而于无用之普遍章则，尤只字未及。

六、本书为居游滨江者所必需，故于路电邮航诸大端之详细情形，无不分节载出。对于松黑乌三江水运之小史，及收回东北航权之经过，以及东省铁路之变迁记等，尤分项述之，以为关心史乘者助。

七、花花世界，无色不有，凡本书前七章中因限于范围，不能归纳者，特辟琐记一章，将斯土之风俗人情，奇闻壮观，咸搜蕴于内。仿笔记体，都得六十则，以完成此繁华世界之大观。

八、著者不敏，率然草成斯书，并未敢逞笔下之褒贬，不过聊寓皮里之阳秋，即稍有议论之处，亦以公正之笔出之，对于吾国数千年之礼教，尤鼎力提倡，此实著者区区之微旨，幸勿以老朽目之。

九、滨江华洋杂处，事项繁多，调查不周之处，势所必然。且人事无常，朝夕或异，著者虽力行罗致，奈多调查时，虽为如斯，及编辑甫毕，又陆行变更，不及更正者，敬祈谅诸。读者诸君，果能不吝金玉，将漏列之事项，详为赐知，当于再版时，一并更正，是又著者之所致为盼祷者也。

序一

昔人入国问禁，是游其地者，必知其地之风土人物，由来尚矣。《三辅黄图》《西京杂记》等书，记关中山川形势，街衢宫室极详，实开后世地方指南之先例。若夫《洛阳伽蓝记》《洛阳名园记》等书，则东都之一寺一塔，一草一木，均详记于篇，较前书尤为详尽。虽物换星移，陵谷变迁，后人犹能得其仿佛焉。哈尔滨当欧亚交通之孔道，为东北唯一之名都，在先有东方圣彼得堡之称，最近又有小巴黎之誉，乌可不有著书，以记其繁盛之迹乎。刘君静严，居斯邦久，耳目观听所得，著为《滨江尘嚣录》一书。举凡一切事物记载，巨细靡遗，人手一编，则松花江上之大观毕矣。书成付梓，问序于愚，为书数语于简嵩，以为邦人士女告，世之游兹土者，亦可省问禁之劳也。

太岁在屠维大荒落端午节前三日铁岭王丕承叙于滨江秦家冈寄庐

序　二

六朝粉黛，寄一世之歌哭。五湖风月，验百代之兴亡。缦缦白云，幻化苍狗。悠悠东海，瞬作桑田。昔日簪缨靡丽之地，只胜残阳。当年管弦热闹之场，徒留余烬。人世变迁之难定，历代盛衰之无常也。若夫灿烂滨江，绾欧亚之枢机，激澉松水，握东北之锁钥。繁华甲于国内，文明冠于辽东。帽影鞭丝，游人似鲫。翠黛蛾眉，士女如云。琴樽檀板，缠头迁胜莺花海。纸醉金迷，沽酒征逐曲江亭。堪称佳境，其维名城。然而红楼绿阁，终若镜花。碧瓦朱栏，无非泡影。痛美景之不长，恨良辰之易渺。辽左散人，《滨江尘嚣录》之所以作也。散人以子建之才华，耀机云之逸秀，客邸无聊，著滨江尘嚣之录。斯编有寄，作航海指南之针，风雨千年，缥帙不朽。陵谷几移，景物犹存。绘声绘影，装壶中之天地。写真写实，藏卷里之烟云。本腹中记事之珠，放笔端江郎之朵。班笔在手，妙涌言泉。夜光贮怀，吐出异彩。花花絮絮，聊酬锦绣罗胸。形形色色，快睹琳琅满目。漫曰吉光片羽，空张百衲之琴。须知轻裘千金，绝非一狐之腋。价重鸡林，当入昌谷古锦之囊。纸贵洛阳，定比左思齐都之赋。梅也，非同魏收之作，以蛱蝶命名，愧无孝穆之文，为玉台撰序。

一九二九，六，一一，铁岭笑梅李遇春谨序

引 言

  软红道上，叫嚣声喧。裘马滨江，极尽人事。虽边陲踽僻，昔曾交称为塞北。然华丽风流，今正不减于江南。缩地有方，千里朝发可夕至。崇山无阻，片时南辕而北辙。年来国事蜩螗，中原多故，因之内地富商大贾、骚人名士，其素慕清静幽邃者，皆相将之连埠。而雅好风月楼台者，则络绎来塞北。浸假直鲁难民，扶老携幼，不惜安土重迁，转徙千里。益以苏俄内部，赤白交哄，旧白之稍有余裕者，不甘新赤之压迫，亦远莅斯土。于是密度逾增，豪华日甚。昔之荒凉野场，曾日月之几何，今则福地康庄矣。

  顾繁盛都市，每多歧路。华洋杂处，更易混淆。初莅斯土者，无异入五都之市，应接不暇。触于目者，不外连宇之建筑，驰骋之车马。入于耳者，尽为杂乱之喧阗，市井之吵闹。是则斯地诚尘海之花都，大千之乐国也。嗟嗟，屋宇连云，无非迷人之境。烟花匝地，原属销金之窟。纵久游湖海者，一临斯土，犹足罄厥腰缠，况茅店初出，方寸无主之瞀瞀者乎。世风不古，人情险诈。翻云覆雨，光怪陆离。裙屐笙歌，轻烟澹粉。正不知误却几许青年，软禁多少豪雄矣。

  第误入八阵，原非尽绝之路。横泛海洋，可操指示之航。岂尽迷楼眩阁，而无津梁以济之乎？不佞人海浮沉，饱经世变。息影滨江，倏逾十年。每念花花世界，易迷有众，攘攘群生，诡诞多端，不禁戚然忧之。久欲将十年来，客兹滨江，举凡目睹之现象，变迁之历史，实业之概况，谋生之径途，风俗人情，行政交通，以及消遣琐闻，食宿游览，挈领提纲，详分章节，述而出之。使来斯土者，既免歧途之误；巡方览胜者，更可少借问之劳。惟思不佞，既无太白之笔，又乏子建之才，心有余而力弗足，文不工而辞不整。草率葳事，贻漏殊多，勉别为历史、区分、机关、交通、实业、谋生、消遣、琐记八章，末附《游览滨江指南》及《松浦镇视察记》等。颜曰：《滨江尘嚣录》，尽一时之狂兴，写滨江之繁华。拉杂琐屑，知无关于著述，问俗采风，或有益于未来。区区微旨，幸垂鉴焉。若谓为航海之磁针，识途之老马，则予岂敢。

中华民国十八年六月　辽左散人述于滨江寄庐

001~006

第一章　历史

1.

历史

第一节　俄帝国强盛时代之经营满洲

我国自有清鸦片战争后，内忧外患，交逼而来。变乱相寻，国势日替。素以立国最古，版图最广，人口最多，见称于世之堂堂中国，至是遂为夷狄所轻视，而窃笑于其焉后。迨继之以西历一八五一年之《伊犁塔尔巴哈台通商章程》，一八五八年之《英法天津条约中俄瑷珲条约》，一八六〇年之《英法北京条约》，一八八五年之《中法天津条约》，一八九五年之《中日马关条约》等，割地赔款，司空见惯。城下之盟屡订，凌辱之苦备尝。积弱情势，完全暴露。门户洞开，列强环噬。欺秦无人，有逾群犬争肉；凌清逐帝，胜于奸贼逼宫。其中关系最切，饕餮最无厌者，厥为俄罗斯。

初俄国自一五五五年，皇帝伊万第四，出兵略西伯利亚，渐次而东，于是地跨欧亚二洲，庞然坐大。厥后诸帝，亦皆好勤远略，蚕食邻封。但其本国附近，均与其他强国地域，犬牙相错，无势可伸，惟有远东方面，倘可进取。于是我国东北西北及正北诸面国防，至斯遂多事矣。但初仅逡巡蚕食，尚未敢公然鲸吞。顾物必先腐，而后虫生。机有可乘，方易染指。会中日甲午战争结束，俄以索还辽东半岛，忝然居功。适值俄新帝尼古拉斯第二，举行加冕礼。俄使喀希尼，因劝清政府，派李鸿章为头等公使，前往道贺，清廷允之。李至俄京，一方受俄人之恣恿，一方思以夷制吏，以雪《马关条约》之大耻辱，遂与俄方订密约"二十一条"。其最重要者，若俄得敷设东三省铁路权，得吉黑二省矿产开掘权，旅顺、大连不得让与他国之优先权，胶州湾之租借权等，所谓之《中俄密约》是也。俄遂于光绪二十二年，着手兴修铁路。适建筑中于一九〇〇年，即光绪二十六年，我国拳匪乱起。俄又藉故进重兵哥萨克铁骑，深入腹地。引狼入室，揖盗进门。内讧之害，可胜言哉。俄于是雄踞满洲，视为己有。旋于一九〇三年，即光绪二十九年，长四千二百七十里，纵横于满洲境内之大丁字形东清铁道，全部竣工。于是野心日炽，鲸吞日剧。惟是侵略须有根据地，攻战尤赖大本营。俄人瞻衡左右，必须得有水陆两便之地，方可进退自如。操纵得宜，其地维何。即今日三市六街，花花世界，名伍平津沪汉，地当国际要冲，所谓东方圣彼得堡之哈尔滨是也。

第二节　三十年前之哈尔滨

哈尔滨于俄人筑路前，距今约三十年，固一片荒凉野场也。至命名之来源，于汉义绝无讲解，哈尔滨三字，原系满洲之语，有谓为"晒渔网"之义，有谓为"打渔泡"之义，惜不佞不谙满语，不敢率然决定，但敢证其确为满语也。至滨江之名，则设治后之称也。

初辖于阿城副都统，副都统者，清官名之一也。先是清朝对于东三省，以为王气所钟，向持闭关主义，不许汉民前往。沃野千里，荒弃尽多。盖不仅松花江畔之哈尔滨一隅为然也。因之东三省治法，亦别于内地。奉天因系陪都，设府尹等官职。外此有盛京将军，专治军事。吉林与黑龙江，则有将军与副都统。光绪初年，以盛京将军，行总督事。奉天府尹，行巡抚事。

迨日俄战后始改行省，以昭一律，渐准许汉民前往。另设置东三省总督驻奉天，节制三省军民诸政。是以北满地广人稀，有由然也。松花江畔，不过少许渔家，历历可数。虽凄凉况味，寂寞寒村，然渔罢归来，得意洋洋，亦自有乐趣存焉。迨光绪二十二年，俄得铁路建筑权，即筑横贯吉黑之东清铁道。又要求清廷，划地若干，以备建筑总车站。时俄势方张，清廷迫于威力，不敢不允，因划地五百万方尺，为俄租界。俄遂大兴土木，建房舍，辟街市，并藉故扩张用地，侵吞无已，清政府亦惟听之而已。时今道外区域，有傅姓小店，以供渔人之惠顾，因名傅家店。迨设治之后，当地行政官，因店字之意义窄狭，遂改为傅家甸，今沿称之。

第三节　铁路建筑后之变迁情形

东清铁路，于一九〇三年，即光绪二十九年竣工。本埠之车站，即建于香房，今称老哈尔滨。一面派工程师，测勘租界地址，即今道里一带，辟街市、建房舍，时人烟渐集。投机者，更争领地基，以着先鞭。于是荒凉原野，渐变为人烟聚处。旋俄人以香房车站，距商市区较远，又建总车站于秦家岗。光绪三十一年竣工，遂迁车站于秦家岗，今名哈尔滨总站。秦家岗者，非衡宇相连，闾阎扑地之市镇，不过茅舍三五，风尘满面之贫窭者居焉。中有秦姓者，因沿其名。

以车站之关系，秦家岗遂逐行建筑。但长数千里之大铁路，轮轨飞驶，一旦需修理之时，又将何以济焉，于是建总工厂于三十六棚。初其地有板棚三十六座，故名。凡工人家属，均住其附近，工厂占地甚多，院内深邃，局外人不得入焉。后租界内俄人渐设机关，一切军警行政，皆属之。三十六棚工人，时有作奸犯科之举，藉此地为逃薮，倚俄人为护符。彼时俄人诸政，实不堪闻问，言之曷胜浩叹。同时傅家甸一隅，虽未划入租界区域，但亦人口日聚，街市渐具雏形，屋宇次第建筑。宣统元年，置理事同知，专治傅家甸一隅。旋析双城东北境隶之，后于民国二年设县治。彼时虽人烟日集，要不过一乡镇而已。

当时租界区之东偏，与傅家甸之间，有地名粮台，时尚一片荒凉，荆棘纵横。粮台者，即今之八站是也。日俄交战时，俄曾设粮台于此，故名。旋内地各著名都会、各大商店，皆思拓植营业，企图发展，渐次向斯地集聚，分设支店；投机商人，亦趋之若鹜。日多一日，租界区之西大部，与傅家甸，渐有人满之患。东清铁路公司，遂将八站划成街基，按号拍卖。我国商民，争先购领。俄人乘机居奇，每沙绳竟售至二百元羌洋之多，当时羌洋与国币价值相仿，俄人遂得大批巨款，此实堪痛恨者也。

此时租界区域，与傅家甸相毗连。租界地域，俄军警戒备森严，如防敌寇。我国军警，率不敢越雷池一步，划地各守。如我军警戒装入租界，非但解除武装，且饱尝棍棒况味，可慨孰甚。厥后东西马家沟，亦逐次建筑，人口麇集。民国四年，欧战猝起，俄因与英法协约国之关系，加入漩涡，无暇顾及远东。我国遂将已失之主权，乘机渐次收回，其详情当分载于下各章。

彼时滨江县知事张曾矩，以傅家甸商市日盛，人口日多，为兴通地面，以广招徕计，遂请准上峰，将四家子，江沿一带，地基开放。四家子者，即今所谓之滨江新市街是也。修筑马路，并建法厅、监狱、公园，平康里等处，规模日大，市街愈广。后经各绅商等组织殖滨公司，欢迎入股，修筑江沿。初松花江南北岸，均沙滩广漠，并无定岸，水涨则泛滥成灾，水落则沙滩外露。于是有定岸，不致有泛滥之患矣。旋拟将太平桥、圈河一带，自辟为商埠，因感羌帖之影响，遽而中止。此滨江自铁路建筑后变迁之概况也。

迄今楼宇冲宵，商贾幅辏。地价飞腾，尺土寸金。荒凉原野，瞬易为繁华大埠。追忆当时地方官之折冲樽俎，苦心经营，内图发展，外御强俄，实有足多者。嗟呼！沧海桑田，变迁无定。人事兴发，更属靡常。吾于已往之滨江，尚复何言？

007~015

第二章　区分

2.

区分

第一节　特别区之小史及各部位之名称

哈尔滨虽为斯地之总名称，但其行政区域，则可分为特别区，与滨江县两部。以哈埠全面积论，滨江县治域，不过占其七分之一耳；其他七分之六，均为特别区境域。特别区者，东省特别区也。非若从前之京兆热察绥、川边等特别区域。曩当东三省与中央脱离关系时，直辖于三省最高当局，今仍旧直辖于辽宁当局。凡未莅斯土者，或初莅斯土者，对于特别区之地域，及其历史，往往茫然。即久居斯地者，若非细心考察，注意及之，亦瞠目无从置答，不佞为清眉目，而资分析计，爰将其历史及地域，依次述出。

所谓东省特别区者，即东省铁路沿线之地带也。但此界说，漫无标准，兹申述之。初于西历一千八百九十六年，即光绪二十二年时，清政府特派钦差驻俄大臣许景澄，与俄政府订中俄合办《东省铁路公司合同》十二款，其第六款云：凡东省铁路公司，建造经理防护铁路所必需之地，又于铁路附近，开采沙土石块石灰等项所需之地，若系官地，由中国政府给予，不纳地价，若系民地，按照市价，或一次交清，或按年向地主纳租。由该公司自行筹款付给等语。查此条款，吾人果细玩其味，可见当时俄人之奸狡，清廷命吏之敷衍昏愚也。夫所谓必需之地，其标准何在？恐任何人亦难确定。况开采沙土石块石灰等项，究竟其量若干？其体积若干？条文中均无固定之限制。东省铁路，延长数千里。年复一年，沙土石块，几时时必需，乌有止期。设俄人永远藉口，取用砂石灰土，路线五里以内无之，则可展至十里；十里无之，可展至二十里、三十里，以至若干里。封豕长蛇，侵吞无已。据矿物学之解释，凡沙石经风化等作用，久则变为黏土，未闻黏土可变为砂石者，是固有之砂石，终有尽止之日。换言之，即俄人扩地之野心，绝无息止之时。是等条款，滑稽殊甚。凡有心人味之，当椎心痛恨而唏嘘不置者也。

光绪二十五年，黑龙江铁路交涉局成立。二十七年时，总办周冕，昏庸异常。俄人乃援引合同第六款，要求划必需之用地若干，以备铁路之用。周冕遂私与俄人订《展购地亩合同》，与该公司代表达聂尔会衔签押，于是《展地之议》成矣。旋俄人即据该合同，要求实行展地。吉黑二省行政当局闻之，均大骇，极力否认。光绪三十一年冬，江省将军程德全，遣宋小濂之京师，陈是事始末于政府。经外务部与俄使，再四交涉，迄无头绪。迨光绪三十三年，又经吉黑二省当局，派员直接与东省铁路公司总办霍尔瓦特，磋商数月，始将周冕与达聂尔所订之合同作废。同时另订《江省展地合同》四十款、《吉省展地合同》十三款。计吉省自绥芬河起，至阿什河车站止，共计展地五万五千坰，每坰计十亩。黑省自满洲里起，迄松花江北岸之车站止，共计展地十二万六千坰。自哈尔滨至长春，共占地九千六百余坰。哈尔滨本埠，俄人前后展地三次，共占用一万〇三百九十四坰。铁路本身用地，不过十分之二，其他十分之八，则租给华人以牟利。并订自此次合同双方签字后，该公司永远不得再展地亩，统归东清铁路管理局地亩处管辖。此区域之内，即今之所谓东省特别区是也。

及欧战猝起，俄国政变。哈埠治安，岌岌可危。其时俄政府无统驭是区域之能力，其驻华使领，又无代表其本国之资格，我国遂乘机渐次将主权收回，并将驻华使领，停止待遇。民国十二年三月一日，设东省特别区行政长官。八月一日，东省铁路护路军总司令，兼东省特别区行政长官朱庆澜，命滨江镇守使张焕相，接收铁路局之地亩处，几经波折，方始收回。旋设东省特别区地亩管理局，即以张焕相兼任局长，办理特别区内一切地亩事宜。从此汉家河山，依然返汉。至今忆之，吾辈当同浮白称快也。

由上观之，知特别区域，并不限定哈埠。普通人往往认为东省特别区，即哈尔滨，误谬殊甚。是则本章所论及者，仅限于特别区域之一部也明矣。今哈埠地域，属于特别区者，依习惯上分，可别为十区，即八站、道里，又称为埠头区；地包、新安埠，又称为偏脸子；正阳河、新正阳河、秦家岗、东马家沟、西马家沟、香房，又称为上号是也。属于滨江县治下者，可分为三区，即傅家甸、四家子、北江沿是也；至太平桥、圈河两区，虽辖于滨江县，但尚无若何发展，依然村落零零，敝屋数椽而已。

第二节 位置形势及面积

哈尔滨位于吉林省西北隅，松花江南岸。当东经九度五十五分，北纬四十五度五十五分。全埠地域，成一二等边三角形。香房区为其顶点；由香房直至圈河，可划一线，为三角形之一边；由香房直至正阳河，可划一线，为三角形之他边；松花江南岸，为三角形之底边。按三角形求面积之法，为底与高相乘积之二分之一，则哈埠之全面积，可一索而得也。高为十八里，底边为十五里，则此二等边三角形之面积，为一百三十五方里也明矣。

全埠地势，成向两方倾斜之屋顶式。秦家岗最高，居全埠之中央，为屋脊；以次向北渐低，至北江沿，及埠头区之北端，正阳河之西北端，则屋檐矣；向南则马家沟、香房以次渐低，亦屋檐矣。东省铁路由西南角入境，斜穿于秦家岗地包之间过车站，则直向北，又为八站及埠头区之界限，亦即道里道外所由分也。北经松花江大铁桥，入黑龙江省境而西北。普通称为道外者，即铁路东之八站、傅家甸等区是也。兹将各区分述之。

一、八站 地势成一梯形。南北长五里，北端阔一里，南端阔三里，地势平坦。东北界江沿区，东界傅家甸，西隔铁路，与道里相接。北为大江，南面上坡，即为秦家岗。盖秦家岗与八站、傅家甸、四家子之间，地势陡行低下，相差七丈许，仅一许公路为其孔道。在许公路上岗处，地势成三十度之坡形。登秦家岗北望，则八站、傅家甸等区，均如在釜底。

二、道里 即埠头区。地势平坦，地形成一正三角形，各边约四里。东隔铁路，与八站相邻。东南隔铁路，与秦家岗相邻。南与西南隔铁路，与地包、新安埠相邻。北邻大江。

三、地包 地势甚高，地域甚窄，东西仅半里，南北约二里，成一长方形。盖此区与秦家岗相连，中有铁路穿过，故地势颇高也。东南面隔铁路、邻秦家岗，西南界新正阳河，西界新安埠，北隔铁路，与道里相邻。

四、新安埠即偏脸子 地域成一长方形，由西北斜向东南，长约三里，阔约二里，地势洼下。西面即为东省铁路总工厂，通称为三十六棚。东及东北界道里，东南界地包，正南界新正阳河，西界正阳河。

五、正阳河　地势高下不平，位于全埠最西端。房舍亦不齐整，居民率为铁路工人家属等。面积约四方里，北邻大江，东界新安埠。

六、新正阳河　地势洼下。北界新安埠，东北界地包，东隔铁路，界秦家岗。是区于数年前，本为荒场。近二三年来，东铁大兴土木，建工人家属用之房舍，都数千间，并建一规模宏大之学校，斯区遂逐渐发达。

七、秦家岗　道外及道里居民，均称为南岗。地势最高，由东北斜向西南，成一长方形，长约十里，阔约三里。建筑宏壮，特区各机关多在焉。东北界八站、傅家甸、四家子，西北界道里，西界地包，西南界新正阳河，东南界东马家沟，南面大部与西马家沟为邻。

八、东马家沟　地势低下。北界秦家岗，西界西马家沟，面积约六方里。

九、西马家沟　地势亦低下，面积约十二方里。北邻秦家岗，东邻东马家沟。

十、香房即上号　位于全埠最南端，面积约八方里，所谓之老哈尔滨是也。

以上十区，皆属于特别区。至滨江县治下，可分为三区：

一、傅家甸　地势平坦，建筑华丽，街市错杂，人烟稠密，为哈埠最繁华区。南北长四里有半，东西阔三里。东与四家子相连，北界北江沿，西界八站，南界秦家岗。

二、四家子又名滨江新市街　是区紧连于傅家甸，民国五年，方始开辟。东西约二里，南北约四里。新世界、大舞台，及秦楼楚馆均在焉，为哈埠最大之销金窟。

三、北江沿　东西约五里，南北约半里。南以老江堤，与四家子、傅家甸相连，北临大江。每年于通航期间，尚称繁盛。区内各小市场，尤为下等社会人蚁集之地。迨冰期则萧条殊甚。

第三节　街市

凡未莅哈尔滨者，往往相传哈尔滨有十八蹚大街，又有谓为三十六蹚者，众口纷纭，莫衷一是。究竟所谓之十八，或三十六，其街何名？位于何处？则茫然不知。兹将哈埠各重要街市之名称，及其建筑之概况等，略陈之。

以哈尔滨全埠论，各区中比较建筑宏壮，市街整齐者，当推埠头区与秦家岗。若以繁华浮嚣论，则傅家甸、四家子尚焉。以哈埠全部街市中之著名者论，当以道里之中央大街，道外之正阳大街为最，二街为全埠菁华荟萃之地，犹沪江之南京路，北平之正阳门大街焉。车马络绎，行人塞途。哈埠之盛，莅观止矣。秦家岗之街市，亦颇壮丽，但以肃雅称。而傅家甸、四家子，则以奢靡喧嚣胜，所称花花世界者，此之谓也。至其余各区，除八站外，殆无甚可观。

埠头区最著名之街市，南北平行者，有炮队大街、中央大街、新城大街、水道大街、地段大街、买卖大街等，均楼宇宏壮，商店栉比，建筑坚固，街道整洁。盖斯区多为当时俄人所筑，是以街市楼宇，均有西洋之风。

至傅家甸、四家子之建筑物，则华而不实，虽楼宇连互，光彩夺目，终不脱中国之固有式。主要街市，为东西之正阳大街。与正阳大街平行者，有南勋、太古等街。至南北纵街，则以数目称，自正阳街西端之南北第一街起，依次向东平行者，顺序称之，以次二道街、三道街，迄四家子东尽处之滨江公园止，共二十道街，均南北平行，与正阳大街成直角，俗谓哈尔滨道外之二十蹚大街是也。

秦家岗之街市，均无正向。其横列者，皆成东北西南方向，与东西正向，约成四十五度之角。著名者，有花园街、大直街、邮政街、长官公署街、松花江街等，喇嘛台为其中枢。向南有长十余里之大马路，经过马家沟，直达香房。西北则为哈尔滨总车站。

至八站区，则位于道里与傅家甸之间。南北大街有许公路，为道外与秦家岗之孔道。东西有南马路，与许公路成直角，为道里与道外之孔道。秦家岗与道里之间，有霁虹桥为其咽喉。下为铁路轨道，电业公司新筑之电车轨道，即经过斯桥，以达道里。

以马路之建筑论，哈埠之一部分马路，可谓独冠华北。凡道里道外秦家岗各区，稍著名之街市，均铺以长方石，长约尺许，阔约半尺，厚约半尺。其筑路法，先坚其地基，次铺以碎石，厚约尺许，各石罅均灌以灰汁，用重量最大之机器轮碾，往复压之，迨拳石平如水面。然后再铺以粗砂，和以灰汁，仍用轮碾压之，往复多次，使砂石合一，此即各都市之普通马路也。此外再铺以长方块石，则告成功。此种马路，既无尘土飞扬，又免雨天泥泞，且坚固耐久，虽历数年，犹平坦如初。非若普通之土石马路，无风三尺土，有雨一街泥，建筑后未及经年，拳石历历可数，倾侧凹凸者，可比也。不佞宦游平津者有年，从未见如是之马路，即日人经营之旅大市街，亦弗逮远甚。至马路旁之水道沟渠，尤称便利，均以石砌成，永无淤塞塌坍之患。虽夏日大雨如注，顷刻间即宣泄无遗。此哈埠之一部路政，所以胜于其他都市也。但僻街陋巷其龌龊之土路，则又有甚于其他都市焉。

第四节　人口

哈埠华洋杂处，近年来人口有加无已。据民国十年之调查，全埠人口，约二十二万强。内中国人居七分之五，计十五万余人。俄人居四分之一，计五万余人。其他若日本、朝鲜、英、美、法、意等国，共居二十八分之一。

迨民国十四年度十月间调查全埠人口，计华人二十一万二千八百六十三名，俄人九万二千八百五十二名，日本三千二百八十七人，朝鲜九百六十二人，犹太一千四百人，波兰五百人，英国一百五十人，美国一百十二人，德国一百四十三人，法国一百三十人，意大利三十人，其他国籍共一百余人，总计三十二万弱。

据最近之调查统计，华人为二十七万四千三百六十九人，俄籍二万八千八百五十人，英吉利一百六十九人，法兰西一百五十六人，德意志一百五十一人，美利坚五十八人，日本三千七百三十九人，朝鲜一千三百五十八人，波兰五百九十四人，意大利六十四人，澳大利亚四十七人，丹麦四十五人，犹太一千三百二十四人，拉丁一百五十四人，捷克斯洛伐克五十八人，瑞典三十五人，印度八人，匈牙利六人，荷兰三十二人，比利时一人，土耳其十五人，塞尔维亚八人，罗马尼亚二人，希腊九十六人，无国籍者三万一千四百三十三人，总计三十四万二千七百七十二人。以是数与全国第一大商埠之上海比，虽甫当其五分之一，但以发展仅三十年之地域，人口竟如是之众，与开埠已八十余年之上海比拟。来日方长，则五十年后之哈尔滨，未始不如今日之上海也。

016~036

第三章　机关

3.

机关

第一节　特区各行政机关设立之略史

哈埠行政，向分为东省特别区，及吉林省二部。东省特别区各行政机关，成立期限最久者，迄今不及十一年；最短者，则仅三年。从前国权，自东省铁路建筑后，俄人动辄藉口维持治安等名词，沦落于俄人手中者有年矣。民国五六年间，俄国政变，彼政府渐失其统驭维持治安之能力，我国遂乘机，将国权次第收回。

其行政各机关，成立最早者，当为特别区警察总管理处。初特区并无华警之设，一概政权，统由俄人主持。俄人驻重兵于铁路沿线，渐次设警察署。凡铁路界内，一切案件，不分华俄及其他国籍人民，俄人均有审判管理之权。时沿线各站，俄警常与我国警察龃龉，并有因争执人犯，枪杀我警之案。于是警权遂不我属矣。夫国家成立之三要素，不过土地人民主权而已。今沿东路线内，人民固我人民，而土地不完，主权旁落，言之曷胜浩叹。

不意民国六年冬，俄国内大乱，同时影响于远东。哈埠既为东路之枢纽，又为中外人民集聚之地，谣言迭起，人心恐慌。有俄人留金者，藉革命为名，煽惑哈埠俄军，扰乱治安，其党徒颇众，抢劫时闻。东省铁路公司总办霍尔瓦特，无力制止，遂骚扰日甚。自民国六年十一月，迄七年六月止，为大混乱时期，犹之法国大革命之大恐怖时期焉。当时维持治安，厥功甚伟者，即滨江县知事张曾矩氏是也。七年一月三日，大总统令，特派吉林省长郭宗熙，兼任中东铁路督办。此为庚子乱后，我国续派之第一任督办。二月五日，郭督办委滨江县知事张曾矩，兼充哈尔滨临时警察总局局长，克期成立，以便维持治安。二月十一日，该局组织成立。是为我国于东路线内，设立警察之始。于当时扰乱时期，该临时警察局，颇著功绩。九年三月，驱逐霍尔瓦特，接收俄警机关。十年一月，内务部通过阁议，正式成立东省特别区警察总管理处。管理哈埠及沿线警务。以滨江道尹董士恩兼充处长，直隶于内务部。此为特别区内成立最早之行政机关也。

其次即为路警处。当民国九年时，我国接收俄警机关后，为维持路线附近秩序，及保护沿线各站、各材料厂，及所有铁路产业起见，设立东省铁路路警处，于九年三月四日成立。十年四月，中央颁布《路警处组织大纲》，以刘德权为处长，直隶于东省铁路督办公所。

又次设立者，为市政管理局。初凡东铁沿线境内，俄人独揽大权。凡军政、警政、市政等项，均属之，前已略述。宣统元年，外务部尚书梁敦彦，与东铁总办霍尔瓦特，在北京订立东省铁路界内，设立《公议会大纲》十八款。凡哈埠及沿路线各站，均有公议会之设。其第八条款云：凡地方公益事件，均须经议事会议定办理。第十三款云：交涉局总办，及铁路总办，均有监察公议会之权。因此东省铁路公司，遂任意干涉，浸假成为完全管理状态。民国元年，由铁路管理局，发布《哈尔滨自治公会章程》五十五款，将该会隶属于东铁民政处。三年四月，东铁代表达聂尔，俄总领事陶守德，与英领斯来，订立《英俄协约》七款，英侨遂获得市议会选举权利。旋日、法、比、意等国，亦陆续加入。当时无异成为国际共管之市政。民国十年，滨江道尹董士恩，以俄领既已停止待遇，各种法权，已次第收回，此项监督公议会之权，当然不得再属于铁路公司。遂呈明中央，请设专局以监督之。二月十二日，遂正式成立东省特别区市政管理局，既以董士恩兼任局长，黑龙江铁路交涉局总办马忠骏兼任副局长。同时我方声明，《英俄协约》仍属有效。此为东省铁路线内，我国管理市政之始。

民国十二年，东三省最高当局，以为特区境内，主权业已次第收回，警察、市政各管理机关，已先后成立。时奉直第一次战罢，三省与中央脱离关系，警察管理处、市政管理局等，当然不再直隶于内务部矣，又未便直隶于三省最高当局。遂由东三省保安总司令，任命朱庆澜为东省特别区行政长官。三月一日，长官公署正式成立。直辖特警、路警两处，及市政管理局等机关。

八月一日，朱长官命滨江镇守使张焕相，接收东省铁路管理局地亩处。至地亩处设立之历史，已详于第二章第一节，兹不赘述。于是正式设立东省特别区地亩管理局，即以张焕相兼任局长。当时俄地亩处长与铁路局长，运动英、法、美、日四国领事，出而干涉，封锁档案，不交付我国。但我方坚持到底，毫未软化。迨十三年九月，俄人觑我方终不屈曲，遂将封锁档案启封，交付我国。于是东北河山，仍归旧主。朱张二公之功，诚堪不朽也。

再次设立者，即为教育管理局。初东省铁路，为教育路员子弟起见，于埠内及沿线各站，设立学校多处。截至十五年底止，华俄各校共计一百一十二处，统归路局学务处管辖。其俄校多有宣传过激主义者；至华校则腐败尤甚，教员多不学无术，竟有不明加减，而滥竽者、文理不通者、资格不符者，率夤缘得进。盖以其薪金甚优，故好利之徒，趋之若鹜。甚有身任他差，而兼充教员，以其薪俸之半价，转雇他人塞责，以敷衍者。笑柄百出，丑态毕露。同时公议会，俗称董事会，亦设学校多处，名曰公立。市政管理局，亦设学校，名曰市立。事权既不专属，名称又欠一致。旋张焕相氏，正式就任东省特别区行政长官。以为立国之本，首在教育。遂毅然以整饬特区教育，为唯一急务。十五年八月，张氏根据《奉俄协定》，撤消东铁学务处，收回东铁教育权。十六日，设立东省特别区教育管理局，以李绍庚为局长。凡特区内之学校，不分埠内外站，路立、公立、市立，均隶属之。将公立市立，一律改为区立。至路立之名，则仍旧。迄十七年二月，特区各华校，始一律改称为区立。十六年十月四日，阁议通过将东省特别区教育管理局，改组为厅。六日，由中央正式任命，简任傅闰成为东省特别区教育厅厅长。

至最后设立者，则为哈尔滨特别市市政局。十五年三月二十四日，市议会中之华议员，因提议凡议案议事，均须改用华文华语为标准。俄国及他国议员，皆极力反对。三月三十一日，行政长官张焕相，宣布解散市议会，收回市政权。将原有之市议会，改为哈尔滨临时自治委员会，以傅闰成为委员长。十一月一日，改选市自治会议员，同日任命市政管理局局长储镇，兼任哈尔滨特别市市长。于是特别市市政局，亦正式成立矣。至市政管理局，则仍管理外站各分局，及埠内八站、马家沟、香房、新安埠等区。

总上以观，特警处于七年二月成立，路警处于九年三月成立，市政管理局于十年二月成立，行政长官公署于十二年三月成立，地亩局于十二年八月成立，教育局于十五年八月成立，十六年十月改组为厅，至特别市市政局，则成立于十五年十一月焉。

第二节　特区各行政机关之组织概况

东省特别区行政最高机关，为长官公署。初直辖特警、路警两处，市政、地亩、特别市市政各局，及教育厅。十七年十月，路警移归三省最高当局直辖，于是长官公署遂直辖特警等五机关。长官公署之组织：长官下设政务厅，分设总务、内务、外交、教育、实业等科，及财务处。该财务处之设立，始于民国十五年，于冲汉氏任行政长官时代。以为从前各属机关，凡入款并非扫数报解，均俟开销后，将盈余解缴，殊属非是。因设财务专处于署内，专司特区各属财政上出纳各项；并令所属，嗣后入款，概须扫数解缴。至各属之经费，再由公署按月发给，按期报计算书，呈署备案。是种办法，颇为得宜。盖通盘筹划特区政务，出纳各款，若非有固定部分司之，将何以专责成，而资考核。

至行政长官一职，系属特任，与省分之省长同。政务厅长，简任职。各科科长，均荐任职。简任职待遇，特别区警察总管理处，设处长一员，由内务部部长呈请简派。副处长二员，系荐任职，简任职待遇，承处长之指示，协理处务。处内设秘书长一员，秘书一人至三人，科长四人，科员十六人，办事员若干人，督察长一人，督察员十余人，技正一人，技士一人至三人，译员二十余人。凡秘书、科长、督察长、技正、署长等职，均由处长按照秩序，呈请内务部长荐请派充。科员、督察员、技士、译员、署员、队长、分队长等职，由处长直接委任。

于特区境内，分为五大警区，每区分设警察署若干。管理处长，直辖各署长，及保安、马巡、司法、卫生、侦缉等队，探访局、水上警察署等部分。至路警处，本应为铁路局若干处之一，应直辖于路局局长。但我方因国权攸关，未便放弃，故隶于长官公署。处内设处长、副处长各一员，下设秘书一人，及科长四人，科员二十余人。卫生会计主任各一员，督察长一人，督察员若干人，技士一人，差遣员数人。沿线分设六大段，每段设正段长一人，副段长一人。更分设驻在所、派出所若干处。哈埠市内设四内勤区，每区有正副区长各一人。以职务计之，可分为内勤、外勤两部。内勤警察，专任保护路有之产业。外勤警察，担任维持沿路秩序及治安。

市政管理局，设局长一员，由内务部长呈请简派。副局长一员，亦如之。分设四科，各科之职掌，均由行政长官规定之。秘书、科员、技师、翻译各若干人。秘书、科长荐任。科员、技师、翻译均委任。局长承行政长官之命，掌管所属事务，监督所有职员。副局长亦承行政长官之命，掌管本局事务，辅助正局长办理一切。秘书二人，承局长之命，掌理机要事务。科长每科一人，承局长之命，分掌各科事务。科员每科三人至五人，承局长之命，助理一切事务。技正、翻译等，分掌技术、翻译事务。凡科员以下，各委任职，由局长呈请行政长官委任，汇报内务部备案。至市政管理局各分局，其编制均由行政长官定之，咨报内务部备案。管理局直辖满洲里、海拉尔、博克图、扎兰屯、昂昂溪、安达、满沟、一面坡、横道河子、穆棱、绥芬河、张家湾、长春等十三分局。

特别区教育厅，设厅长一员，系简任职，秘书数人。分科四，第一科分文书、出纳、编辑、审核四股。第二科分中学教育、小学教育、社会教育、侨民教育四股。第三科分翻译、事务两股，每股置主任一人。第四科则专管理苏联路员子弟学校之经费事宜。第一二三各科科长，均由行政长官委任。第四科科长为俄员，由铁路局长保荐，行政长官加委。设华俄视学员共九人，俄二人，华七人。司视察所属学校之办理如何，教职员之是否合宜，影院剧场之影片戏剧，是否有伤风化等事。将东省特别区，分为三大学区。哈尔滨埠内迤南迄长春止，为第一学区。自哈尔滨至满洲里，为第二学区。自哈尔滨至绥芬河，为第三学区。关于社会教育者，计直辖哈尔滨公立图书馆一处，平民学校二十余处。关于学校教育者，计直辖特区内各华俄中小校一百八十八处。在本埠者外侨学校共七十一处，因名称较赘，兹不分述。华校共二十四处，中学计许公区立第一、第二、第三、第一女子等五处。小学计一区第一、第二、第三、第四、第五、第六、第七、第九、第十、第十一、第十四、第十五、第十六、第十七、第十八、第十九、第二十、第二十二、第二十三等十九处。该教育厅所辖之学校，全特区内虽为一百八十八处，实则其数目尚不及辽宁省一等县份，教育局之管辖者。但特区地位特殊，更因管理俄校起见，非升格无以崇体制，故教育管理局设立之初，局长一缺，即系简任待遇。今则该厅长，已正式简任见诸明令矣。特区教育，现虽属幼稚时代，但进步之速，实属惊人。年来张焕相长官，及前任李教育局长、傅厅长，提倡于上；各校职教员等，热心任事于下，成绩斐然可观，远异畴昔旧路立各校，亦非如以前之腐败。各校长教员等，对于教育，皆素有研究，更能黾勉从事。是以斯时，可谓为特区教育界，济济多士之期。

地亩管理局，管理全区地亩事宜。设局长副局长各一员，分设总务、经租、调查等科。每科科长一员，科员三人至五人。局内设秘书一人，承局长之命，掌理机要事务。技士、翻译、稽查各若干人。

局长系简任，副局长、秘书、科长均荐任。科员、技士、翻译、稽查均委任。于绥芬河、一面坡、海拉尔、安达站、张家湾等地，各设分局一处，其编制由行政长官定之，咨报内务部备案。每年该局收入甚多，特区政费，多利赖之。

特别市市政局，设市长一员，系简任。佐理员二员，均荐任。局内分设秘书处、法律处及总务、财政、市业、工程、卫生等科。总务科，分设总务、统计、教育、翻译等股。财政科，分设捐务、调查、会计、出纳等股。市业科，分设管理、经租等股。工程科，分设建筑、技术等股。卫生科不分股，科长荐任，股长委任。该局辖哈埠特区内菁华荟萃之区，每年收入亦甚多，与市政管理局、地亩管理局，同为特区内最富裕之机关焉。

第三节 吉林省所属各行政机关设立之略史

本埠属于吉林省所辖者，即滨江县一隅之地。初以滨江道尹驻斯地，故行政机关最高者，为滨江道尹公署。十七年末，南北统一，各省道尹制度，一律废除，改为市政筹备处。处长兼交涉员，仍按旧区制，节制各县交涉事宜。此下为滨江市政公所、滨江县政府、滨江公安局、松花江下游水上公安局、滨江税捐征收局、哈尔滨税捐征收局、哈尔滨木石税费总局、滨江关监督公署等。

滨江海关，设立最早于前清光绪廿九年。中日满洲善后协约后，斯地即开为商埠，旋设立海关。彼时尚无道尹之名称，即由滨江关道，兼任海关监督。民国后，始分立，由中央简放专员任监督。

其次即为滨江税捐征收局，清宣统二年七月成立。彼时道里等地域，尚归俄人掌握，是以税捐局，只收道外华商一切杂税。迨民国五六年，俄乱方殷，我国乘机将主权收回，因设道里税捐分局，置委员一员，主理一切，征收华俄各商税务。民国十二年间，我当局以道里一带，商业之繁盛，有驾道外而上之势，应设置独立税捐征收机关，无再辖于道外税捐局之必要，因将道里分局，升格为哈尔滨税捐征收局，与道外之滨江税捐局平等。二局均直隶于吉林财政厅。

至哈尔滨木石税费总局，则成立于民国四年。初俄人于铁路建筑后，藉口铁路必需之木材，路线所经附近林场，任意砍伐。时我吉林当局，以木税一项，为吉省主要收入之一，若长此任便准其砍伐，将何以固国权而裕饷源？因通知铁路当局，谓我方将照章课税，不得藉故偷漏。俄人谓根据光绪二十二年，中俄两国所订之《东省中俄合办铁路公司合同》，第七款云：凡该公司建造修理铁路，所需料件，应免纳各项税厘等语，不认缴纳木税。旋吉省当局，与俄人再四商榷，谓沿线森林，不尽属官山，多半为民山，实属碍难一体免税，俄人始允纳税。光绪二十九年，吉当局方委专员来哈，专办木石税征收事宜。是即今木石税费局之嚆矢。三十二年，将该局并入滨江关道管理。宣统三年，又由道署移出，划归统税局兼办。民国四年九月，吉省财政厅，任命专员前来，办理木石税征收事务，遂正式成立哈尔滨木石税费总局，直隶于吉林财政厅。

滨江县于民国二年设治。初清宣统元年，置理事同知，仅治傅家甸一隅，嗣析双城东北境隶之。全县面积，计三千七百方里，在吉林全省中为最小。县政府辖县公安局、教育局、财务处等机关。民国十五年，增设滨江实业局，亦隶于县政府。

滨江道尹公署，成立于民国三年。前清时为滨江关道，又称为西北路兵备道，兼任税关监督，及木石税局局长。民国三年五月二十三日，政府颁布道尹官制，遂改为滨江道尹。十八年一月三十一日，裁撤道尹，改为滨江交涉员。

自滨江设治之后，本埠道外商业，日臻繁盛，人口渐多，县警察所有照顾不周之势，遂于民国五年，正式成立滨江警察厅，直隶于吉林全省警务处。成立之初，经费异常支绌，后继任厅长兴今氏，厉行整顿。非惟经费充足，即警政亦日见起色。十八年二月，改为滨江公安局。

至松花江下游水上警察局之设，则在于民国十年八月，亦直隶于吉林全省警务处，专司巡视江面，保持安宁秩序。与松花江上游水上警察局，名称相对，分界而治。十八年二月，改为水上公安局。

至最后设立者，则为滨江市政公所。初滨江自治机关，有马路工程局、地方卫生局等，均由当地绅士把持，其收入尚敷开销。但所谓工程，所谓卫生，皆不过徒具其名而已。训至路政败坏，街市污浊。主司者，直若无睹。地方商民，啧有烦言。道尹蔡运升，目击斯种现象，因拟大加整顿。非设专一机关总理其事，将何以言整顿，而便责成。且特区与滨江县，地域相连，特区市政，斐然可观。果长此放任，腐败如故，非惟愧对商民，且亦贻笑他人。遂请示吉林省政府，言滨江市政公所之设，实属不容再缓。省长批示，准行试办。乃于十六年十二月一日，滨江市政公所，宣告成立。以道尹公署科长，詹玨为所长。滨江县知事李科元、滨江警察厅长高齐栋，为会办。先行接收马路工程及卫生二局，以次接收财务处，及埠内县立各校、同善院等机关。

由上综计之：光绪二十九年成立者，为滨江海关。宣统二年成立者，有滨江税捐征收局。民国二年成立者，为滨江县公署。十八年四月，改为滨江县政府。民国三年成立者，为滨江道尹公署。十八年二月，改为滨江交涉员公署。民国四年成立者，为哈尔滨木石税费总局。至滨江警察厅，则于民国五年成立。十八年二月，改为滨江公安局。松花江下游水上警察局，则于民国十年成立。十八年二月，改为水上公安局。哈尔滨税捐征收局，则于民国十二年成立。最后成立者，则为滨江市政公所焉。

第四节　吉林省所属各行政机关之组织

滨江交涉员，辖于吉林省政府。滨江关监督，则直辖于中央财政部。但东省地位特殊，故各关监督，亦受所在省分省政府之节制。滨江市政公所，直隶于市政筹备处，处长即为该所监督。至滨江县政府，则直隶于省政府。其他吉林财政厅辖者，有滨江税捐征收局、哈尔滨税捐征收局、哈尔滨木石税费总局等。吉林全省公安管理处辖者，有滨江公安局，及松花江下游水上公安局等。

滨江交涉员，辖滨江、阿城、双城、扶余、同宾、五常、榆树、珠河、苇河、宾等十县外交事宜，且兼吉林铁路交涉局总办之职。交涉员一员，系简任。署内设秘书一员，承交涉员之命，办理各项机要事务。共分二科，第一科掌管外交各事项，第二科掌管总务各事项。每科设科长一人，科员若干人。初道尹并秉承上宪命令，有监察哈埠中国交通、边业、东三省等银行，及广信公司、发票数目，及准备金之权。并得随时检察各银行公司，各种簿记及金库。自十七年二月，因特区长官，兼任银行银号监理官，此项事务，即移归监理官办理。

滨江关辖傅家甸、满洲里、绥芬河、拉哈苏苏等四分关。关西、关东、瑷珲、大黑河、梁家屯、牡丹江、新甸、佳木斯等八分卡。监督外，有税务司、副税务司各一人，均为洋员，帮办数人。设理船厅，主任亦为洋员。文案、供事、录事、签字手若干人，有少许华员分任之。

滨江市政公所，设所长一员，总理全部事务。会办二人，以滨江县长、滨江公安局局长兼充，协助所长，办理全部事务。分设总务、建筑、交通、教育、卫生五科。每科设主任一人，承所长及会办之命，主管本科事务。助理员二人至四人，承主任之命，分任本科事务。有时依实际之需要，得置技术、督察、测绘、监工、调查各员。卫生、消防各队长，均由所长遴选，呈请上峰委任之。又为集思广益起见，得择地方绅商之富有资望经验者，函聘十员，为评议员，组织评议员会。遇有重要事项，开会讨论公决之。

滨江县政府，县长下，分设第一第二各科。科长均由县长拟定，呈请省政府委充。县辖公安局、教育局、实业局、财务处等部分。县公安局，设局长一员，以警正充之。总务兼司法股员一人，行政兼卫生股员一人。分区为二，每区有分局长。滨江教育局，设局长一员，事务员数人。县内教育，不甚发达。中学师范，一概无之。仅有小学校三十余处。在埠内者，计县立第一、第五、第六、第八、第十、第十三、第十九、第三十一等八校。经费支绌异常，办公费尤属微鲜。至实业局，则于民国十五年成立。规模狭小，即附设于县署内。除局长一员外，仅有办事员数人。地方财务处，设主任一员，由县长保荐，财政厅加委。处内设文牍一员、收支一员、总稽查一人、稽查若干人。主要收入，为房捐、妓捐、戏捐、电影捐、地亩捐、车捐、粮捐、铺捐、船捐、路政捐、屠宰捐等。凡滨江县各属机关，及滨江公安局等经费，均仰赖之。

滨江公安局，设局长一员，由吉林全省公安管理处委充。勤务督察长一员，督察员若干人。局内设总务、行政、司法、卫生等科。局长直辖济良所、教练所、习艺所、保安、马巡、消防、卫生等队，及各分署署长。共分区为五，每区警署，有署长一员、署员一员及巡官、巡长、警士等若干人。

松花江下游水上公安局，设局长一员，亦由吉林全省公安管理处委派。科长二人，科员四人，督察员一人，队长一人，收发、庶务、会计各一人。

滨江税捐征收局，设局长一员，由吉林财政厅委派。局内设总稽核一人，办事员数人。设分局数处，每分局有委员一员，巡员数人。秋冬二季，并添设临时分卡若干处。至哈尔滨税捐征收局，与滨江税捐征收局，组织无大差异。

哈尔滨木石税费总局，设局长一员，副局长一员，主任翻译等数员。分设俄文、文牍、征榷、出纳、测绘、收发、庶务、稽察等课。沿东省铁路线内，及松花江沿岸等地带，设分局十余处，每分局又分设分卡若干处。该局每年收入甚多，为吉林省之一大财源焉。

第五节　司法

本埠司法，亦分特区及滨江两部。滨江地方法院，于民国七年成立。至特别区法院，则于民国九年十二月成立。凡特区内，俄人与俄人涉讼，及俄人与华人涉讼，均归特区法院审理。若俄人民控告有领事裁判权国人民之案件，则依照不平等之条约，归该管领事管辖。但有领事裁判权国家之人民，与华人涉讼，其被告为华人者，特区法院亦有受理之权。至华人与华人涉讼案件，虽住在特区境内，仍归滨江地方法院审理。兹分述之。

一 滨江地方法院

滨江设治之后，并未同时分设法院。凡关于司法事宜，均由县知事兼理。厥后人口日多，商务益盛；诉讼案件，亦递见增加。滨江既为商埠之地，又按司法独立之义，县知事实无再行兼理之必要。民国六年，吉省当局，遂派专员来哈，筹备建筑法厅及监狱事宜。翌年春，正式设立滨江地方法院。时新厅址甫行着手兴修，临时租赁民房，设施简陋，略具雏形。迨民国八年，移入新法厅内，规模渐大。诉讼事件，亦递见增多。迄今数年，进步甚速。据吉当局之调查，今之滨江法院，与吉省其他法院比较，成绩最优。十五年，外人调查司法团来哈，亦颇赞许。

现时就滨江地方法院审判方面言，院长下，设民庭庭长一员，推事五六员，刑庭庭长一员，推事三四员，书记官长一员，书记官十余员。滨江地方法院检查方面，设首席检察官一员，检察官五六人，书记官长一员，记录书记官数员，普通书记官五六员。文牍、收发、统计、庶务等部份，各有书记官一员主之。检验员数人，司法警长一人，法警若干人。法院看守所，有所长一员，医士二人。至滨江监狱，依吉林全省成立之先后计之，应为第三，故称吉林第三监狱。设典狱长一人，看守长二人，候补看守长数人，教诲师二人，医士数人。此滨江地方法院之概况也。

二 特别区法院

特别区法院，为吾全国法院中之特殊组织，成绩亦最为优良。十五年，外人司法调查团来哈，交相称赞，咸谓可为全国之模范。兹详述其历史及组织。

初清光绪二十七年时，俄政府公布：凡东省铁路界内，俄人民诉讼事件，依道途之远近，划归赤塔、海参崴、旅顺三处地方法院审理。时东路界内，尚未有纯粹之司法机关焉。迨日俄战后，旅顺又沦于日人手中，因之该法院，亦北徙于哈尔滨。光绪三十二年，改名边界地方厅。迄民国二年，司法机关，始告完备。计在哈尔滨设地方审判厅一处，又在哈埠设治安审判厅七处，海拉尔一处，横道河子一处，满洲里二处，共十一处。其中第二、第四、第八、第十一这四处，系办理检察事件。余七处，则均办理审判事件。至承发吏、司法、巡警等事务，则概由铁路巡警任之。考其编制，系殖民地办法，与我国情形迥异。所谓治安审判厅者，即初级审判厅之谓也。凡不服治安审判厅之判决者，得控告于地方审判厅。不服地方审判厅之判决者，得上告于俄京枢密院。至司法经费，则由国库支出若干，东清铁路补助若干。

迨民国九年九月二十三日，我政府正式宣布停止俄领待遇后，十月一日即由吉林交涉局，会同滨江地方审检两厅长，前往谕令俄法庭停办。并嘱将所有未结案件，移交我法庭办理。一面由司法部提议，收回东路法权，并定司法制度。拟将旧俄之治安审判厅，均由中国接收，仍沿其名。并拟司法经费，由吉江两省及东路筹拨。将此意电征吉江两督，及东路督办之意见。旋吉江鲍、孙二督，及东路宋督办，先后复电。谓治安审判厅制度，为法院编制法所无。应将治安审判厅，改为地方分庭，另以滨江地方厅上诉机关。至经费一项，吉江两省，实无力筹拨。东路为营业性质，更无补助之必要等语。法部复电，谓已派次长张一鹏，前往实地调查，如有商酌之处，即请吉黑二督面为接洽可也。张次长于九年十月十日抵哈，翌日电司法部，谓已接洽当地官绅，对于收回法权，莫不热心。并拟定东省特别区域法院，应设高等一、地方一、分庭六、监狱二，请法部核夺。法长董康，于十四日提出阁议。全体阁员，当即一致通过。至经费一项，着由财政部赶筹。当晚即电哈埠张次长知照。十月十六日，张次长又上法部一电，谓将返京报告一切。但筹备法院，头绪纷繁，拟请派殷汝熊为筹备主任，王光鼎、王德恒为筹备员。并拟由吉高两厅，各拨三千圆，以为修缮厅署，延聘译员之用。请电令遵照。十八日法部复电，均准如所拟办理。殷汝熊于十月底抵哈，即筹备一切。同时中央颁布《东省特别区域法院编制条例》，甄别特种司法人员章程，及外国谘议调查员任免，及办事章程等。十一月十日，殷筹备主任，即将接收东路俄国法院卷宗，及雇用俄员情形，呈报法部。大意谓旧俄法院之法官等，抗不交代。经代理吉林交涉局长，傅科长闻成报称，俄著名律师博古托，与彼素识。当即嘱博古托，从中疏通。几经周折，始将俄法官分别聘为谘议及调查员。将薪金之金卢布本位，改为现洋。并分别封锁俄之治安审判厅等语。十二月一日，正式成立东省特别区域高等审判厅于哈尔滨，以傅疆为厅长。并于哈埠设地方审判厅一处，校沿线设地方分庭六处。此特别区法院设立之经过情形也。

至就其组织言，凡高等法院、地方法院，及分院内，各设检察所，配置检察官一人至三人，对于审判独立行其职务。若检察官配置二人以上时，以一人为主任检察官。凡高等及地方法院，得酌委外国人为谘议及调查员。地方法院亦如之。地方法院，附设简易庭，审理初级管辖第一审案件。地方分庭之事物管辖，与简易庭同。地方法院，并得采用巡回裁判制度。凡不服地方分庭及简易庭之判决者，得上诉于地方法院。不服地方法院之判决者，得上诉于高等法院。不服高等法院第二审之判决者，以法律上见解者为限，得上告于最高法院。凡关于外国人诉讼案件，得许外国律师出庭。

就现在法庭之职员言，属校高等方面者，院长下分设民、刑二庭，各以庭长一人主之。各庭均有推事二三人，厅内有书记官长一人，书记官华俄共十余人，翻译官六七人，谘议数人。属于高等法院检查所者，计首席检察官一人，检察官数人，书记官、翻译等各数人。属于地方法院者，院长下，设民庭、刑庭。每庭有推事四五人，厅内有书记官长一人，华俄书记官二十余人，翻译官二十余人，谘议数人。属于地方法院检察所者，计首席检察官一人，检察官数人，书记官、翻译官、检验员各数人。至各分庭，每庭有推事一人或二人，书记官、翻译官、调查员各一人或二人。各分庭检察所，每所有检察官一人，书记官、翻译官、检验员一人或二人。特区监狱，设典狱长、副典狱长各一人，书记官、医士各数人，看守若干人。此特别区法院之组织情形也。

第六节　军政

西历一千八百九十六年，即光绪二十二年，中俄两国订定《中俄合办东省铁路合同》后，俄人即着手兴修铁路。合同第八款云：凡俄国水陆各军，及军械过境，由俄国转运，经过此铁路者，应责成该公司，径行运送出境。除转运时，或必需沿途暂停外，不得藉他故中途逗留等语。查此条文，已明白规定，俄军不得驻扎我境内，不过准其通过而已。但俄人藉口保护修筑铁路，于翌年即光绪二十三年十二月，竟尔遣来骑兵五百名，进驻东路已划定之路线内。美其名曰护路，是为俄兵无故侵入我境之始。

迨光绪二十六年，义和团乱起。各国均调重兵前来攻战，俄人更欣逢时会，大军遂云集于满洲，骎骎乎有立吞之势。及乱平，各国均依约撤兵，独俄人藉口保护铁路，延不撤退，清廷亦无如之何。及日俄战后，驻扎南满洲各俄军，除死亡者外，陆续撤退，集中于北满一带。当时沿东路线内，共驻兵七万余人。迄宣统末年，仅哈尔滨一埠，尚驻兵三万余人。民国四年，欧战发生，始陆续撤回本国。

民国六年，俄乱猝起。哈埠治安，岌岌可危。时本埠及沿线，尚有俄兵一百三十余连。同时俄人有留金者，纠合党羽数千人，藉革命为名，煽惑本埠俄军，扰乱治安。我政府为维持治安，保护东路起见，饬吉林督军孟恩远，酌派相当军队赴哈。当派陶旅长祥贵，为中东铁路一带警备司令，带兵来哈，渐次解除附和留金之俄军武装，交东路总办霍尔瓦特，分次遣之出境。本埠治安亦渐次恢复。从此东路线内，军事行政，始归我方完全管辖。

民国七年，设东三省巡阅使署卫队混成旅司令部于哈埠，专司剿缉东路线内胡匪。八年九月，设东省铁路护路军总司令部，以吉督鲍贵卿，兼任总司令。将吉黑二省分设之警备司令部，同时取消，以一事权。九年，添设滨江镇守使，及吉黑江防司令二要缺。十年十一月，又添设吉黑二省剿匪总司令一缺，司令部即设于本埠。厥后民国十二三年间，卫队旅司令部，及吉黑二省剿匪司令部，先后撤消。截至今日止，计存在者，仅东省铁路护路军总司令部、滨江镇守使署、东北陆军步兵第十八旅司令部、海军江防舰队部等，兹略分述于下。

一　陆军

特区最高军事机关，即为东省铁路护路军总司令部。分设长绥、哈满两司令部。长绥司令防地，南自长春起，北过哈埠，转向东，迄绥芬河止。哈满司令防地，自哈埠起，西北迄满洲里止。长绥司令之护路军队，由吉林军之一部任之。哈满司令之护路军队，由黑龙江军之一部任之。凡关于护路范围内之事宜，不分吉黑之军队，总司令均有命令及调遣之权。至护路军总司令一缺，系特任职，现由吉督张作相兼任。普通文件，由该司令部总参谋长代拆代行，若遇重要事件，则电请总司令核夺。除参谋长外，并设秘书三员。分设参谋、副官、军需、军务、军法、军医等六处。每处置少将处长一员，处员若干人。此外设外交科、侦缉所二部分。侦缉所有侦缉员十余人，其职务即押东省铁路之来往客车，以免军人滋扰列车秩序。滨江道区之最高军事机关，为滨江镇守使署，于民国九年添设。近数年来，该缺均由东北陆军第十八旅旅长兼任，其管辖范围，与旧滨江道尹同。至现在军队之驻在本埠者，仅第十八旅之一部分。其他大部，均驻在东路沿线，担任护路事宜。镇守使署，又辖本埠之军警稽察处。所谓军警稽察处者，即由陆军与警察合组而成之稽察机关也。与镇守使署卫队连，驻本埠之东北宪兵第五队、第十七中队，及滨江公安局，共同担任本埠道外之治安。镇守使署，镇守使下，设上校参谋长、副官长各一人，少校参谋、副官各一人，上尉参谋、副官各一人，三等军需正、军医正、军法正各一人。第十八旅旅部，亦在本埠，其组织与普通旅部同，无庸另述。

二　海军

海军江防舰队部，设于本埠道外正阳十八道街。初名海军吉黑江防司令部，于民国九年六月成立。专司巡弋松黑乌三江，保护来往客货船只，维持安宁而设。十七年夏，东北舰队改组，设海军总司令部于奉天。现在之总司令，即由东北边防军张司令长官兼任。将东北舰队改组为三队，第一舰队，辖海圻等六军舰，驻青岛。第二舰队，辖定海等四军舰，海骏等五炮艇，驻长山岛。吉黑江防司令部，改为海军江防舰队部，驻哈尔滨，统辖江亨、江泰、江平、江安、江通、利捷、利绥、利济等八军舰，江清、利川二连舰，飞鹄、飞鸿、飞燕等三汽艇，振武、兴武、扬武、宁武等四驳船，及飞鹰滑艇，附设海军陆战队、养病所、煤柴栈、船坞火药库、水路测量班，及枪炮帆缆军士班等。该江防舰队，控御边陲，颇著功效。保护商船，成绩尤佳。

就其组织言，舰队部设少将舰队长一员，中校总教练官一员。分设军务、军学、军需、轮机、文书等五课，及参谋、副官二处，计少校、一二三级参谋各一员，少校、中尉副官各一员，少校、上尉、少尉军需官各一员，中校、少校、中尉轮机长各一员，少校书记官长一员，上尉书记官一员，少校翻译官一员，办事员四人，差遣书记各五人，此其大概情形也。

037~065

第四章　交通

4.

交通

第一节　松黑乌三江水运之小史及收回东北航权之经过

松花江满语为松戛里乌喇，译即天河之意也。古为速末水。明宣德后，始称为松花江，全长二千七百余里。源出长白山之图们泊，西北流，过吉林，至扶余县之三岔口，会由北来之嫩江；折东北流，为吉黑两省之界限，至同江县东北，会于黑龙江。

黑龙江之上流，曰鄂嫩河，即元之斡难河。源出外蒙古车臣汗部之肯特山，东北流，入俄领西伯利亚之萨拜喀勒省，又东北至四大了克，会额尔古纳河，此段约长二千余里。若自东省铁路之札兰诺尔车站起，至额尔古纳河口止，计长一千八百五十余里。自此以东，曰黑龙江，满语曰萨哈连乌喇。萨哈连，黑也；乌喇，水也。俄语曰阿穆尔，东南流，至同江县东北，松花江入之，此段长三千〇二十余里。又东北流，至绥远东北，乌苏里江由西南来入之，入俄境，经伯力至庙街，即尼哥来佛，注于鞑靼海峡，自同江至庙街，长二千二百五十余里。

乌苏里江，源出东海滨之西赫特山脉中，东流之水入海，西流之水，即为乌苏里江，会兴凯湖北吐口之松阿察河，下流水势渐大，自此至绥远县，入于黑龙江，长七百六十余里。

考此三江，除松花江为我国疆域内之水，其黑龙、乌苏里等江，均为中俄国际河流，一岸属我，他岸属俄。回溯七十年前，固皆我领土内之水流也。西历一千八百五十八年，即前清咸丰八年四月，黑龙江将军奕山，与俄东部西伯利亚总督木勒非若福，订立《瑷珲条约》成，而黑龙江以北，迄外兴安岭止，二百四十万方里之大好河山，遂不我有矣。咸丰七年时，俄国已有个人轮船公司之发现，试航于黑龙江中，至是遂更无忌惮矣。咸丰十年，《北京条约》成，于是乌苏里江以东，迄东海滨止，一百三十万方里之地域，又为俄有矣。俄人旋于江之他岸，筑乌苏里铁路，以达海参崴。当铁路未成时，俄亦曾试航于乌苏里江。考《瑷珲条约》第二条载，黑龙江、松花江、乌苏里江等，只许中俄两国可以航行。但我国于彼时航业未兴，虽条约载明，实际并无华船只影。俄人更得寸进尺，饕餮无厌，因之航权遂沦于俄人手中矣。旋华人渐有拟试航者，俄人藉口航行章程未定，只许华船行于松花江内，并须至富锦而止。富锦以下，不许通航。至是黑乌两江之航权，又完全为俄人把持矣。

同治九年，往来黑龙乌苏里等江之俄轮，计有二十五艘。翌年俄政府，复力图发展，乃以奖金付与轮船公司，以资补助，并促其发展。一面订一定之船费，经营旅客及邮政等事务，且设有定期之航行焉。自斯之后，逐年扩充。迨一千八百九十五年，即光绪二十一年，俄人设黑龙江商船公司，资本二百万金卢布；其政府之补助金，每年二十五万金卢布。俄政府允许，保护十五年。初造轮船七十六只，每年可得利五十余万卢布，后又增造轮船六十余只，通航于黑龙、乌苏里、松花等江中。及东省铁路告成之后，俄人又组织一中东轮船公司，即附于铁路公司内，其航线以松花江为主，包办沿江客货，以便与铁路联运。

初光绪二十三年时，我国官船名齐齐哈尔者，开始航行于黑龙江中。俄使提议，该船未谙行驶章程，恐虞失事。请我外务部，通知地方官，酌定章程，再行航驶。旋我方派员，与俄方交涉航行区域。俄方不肯放弛航权，百端狡赖，终无结果。直至光绪三十四年，俄使照会我政府，谓奉本国政府训令，许中国轮船通行于额尔古纳河口之四大了克起，迄乌苏里江口止。其他航线，不便扩充。宣统元年，我外务部与俄使订《松花江行船条款大纲》，但经数次会议，终无结果而止。

同年，我国设松黑两江邮船局于哈尔滨，是为我国于松黑二江航务上之第一次具体组织，宣统二年，中俄两方，又订《松花江行船章程》十一款。但斯时我国轮船之航线，仍限于松花江至乌苏里江，黑龙江尚不与焉。民国三年，黑龙江将军朱庆澜，造官船一只，名曰庆澜，长一百八十八英尺，宽二十四英尺，二百四十马力，拟试航于黑龙江中。不意甫出松花江口，即被俄人拦阻，谓沿岸一切灯塔标杆，中国并未费分文，完全由俄方设置，中国实无有享受航行之权利。民国四年，松黑两江邮船局，完全改归江省办理，又添造轮船数只。民国六年十月，我国声明，承认修筑黑龙江及乌苏里江，沿岸标杆灯塔等建筑费之半，俄人遂准许华船航行。

民国七年，俄国政变，共产之声，高唱入云。俄人之有船只者，惴惴焉惟恐不克自保，意其被共产所共，何如转售他国，于是不谋而合，一致出售。但《瑷珲条约》载明，惟华俄两国，有航行之权利。故俄国高唱出售，而他国终无应之者。但俄人又急欲出售，其势之所趋，又不得不售于我国，此实天假我国收回东北航权之良机也。于是我国官方及私人，争先购买。后由黑龙江省政府，认官股若干，又招商股若干，筹备大规模之航业公司，定股本国币二百万元，购俄轮船二十九艘，拖船二十只。先以金山轮船，试航于黑龙江，至于黑河，是为华船得航行于黑龙江之始。

八年春，举行第一次股东会议，以公司系于戊午年通航，遂名曰"戊通航业公司"，以副其实。是年轮船行至伯力，又被俄方扣留，经再四交涉，始得收回。民国九年，戊通公司改组，加入交通部股款一百五十万元，并呈奉交通部核准，将松花江、黑龙江、乌苏里江、嫩江等，为部指定之航线；但额尔古纳河，尚未呈请核准。此后华船，得由伯力，开至庙街，即黑龙江之入海口，已去我国界二千二百五十余里矣。戊通公司并设分公司于伯力及庙街。同年，又试航于乌苏里江，已告成功。十二年，伯力公司，因欠缴所得税，被苏俄封闭，于是航行遂不复至庙街矣。

民国十四年九月，戊通公司改为东北航务局，归东三省省政府接办。十五年八月，东三省最高当局，遣东北海军舰队司令沈鸿烈来哈，将东省铁路管理局船务处，所属在松花江之船二十余只，完全接收，当时并由我方派武装军警，到场保护接收事宜。此二十余只中，除二只改为军舰外，余皆仍为商船，归海军江运部管辖。十六年春，东北航务局，又联合海军江运部、东亚轮船公司、奉天航业公司，及其他商人之私有船只，作大规模之联合，组织东北联合航务局。

至航业公会，既为航界之立法机关，又为执行机关，凡航行于松黑乌各江之船只，不分官方私人，均须遵守航业公会之议定条规，不得擅自减费。

年来东北当局，为造就航务人才起见，因于十六年设立东北商船学校于哈埠，分设轮机、驾驶两科。十七年三四月，又先后成立东北造船厂，及东北水道局。十八年春，又设立东北水路测量学校。该校即附设于商船院内，直隶东北海军总部。至是东北航权，完全收回。吾人一莅松花江干，见夫中华国徽，飘扬于轮只密集之上，缅怀往事，不禁兴今昔之感，当共临风把盏，饱尽三觥也可。

第二节　现在东北航务之情形

现在本埠公私船只，航行于松黑乌各江者，计票船四十六只，票傲船二十三只，拖傲船三十八只，拖船及板船一百五十余只。以资格论，松黑两江邮船局最老，成立于宣统元年，但仅有轮船数只。其来往下江一带，搭客货者仅一庆澜船；他若江凫、江鸥等，船身既小，载重又少，只溯江驶至大赉、扶余一带，去本埠不过五百余里耳。但邮船局每自恃老资格，且恃江省官办，往往不遵航规，私自更改运费。经航业公会诉陈衷曲于三省最高当局，迄十八年三月，邮船局奉江省省政府训令，根本取消，将原有之较大汽船及拖船，拨归广信公司调度应用；至较小之数只汽船，则拨与呼海路局，作为横江渡客之用。

若以船只数量论，可以左右东北航业者，厥为现在之东北航务局。该局于民国十四年，接戊通航业公司事务，改为东三省官办，官方投资甚巨，锐意整理。初于民国七年，公司成立时，即有轮船二十九只、拖船二十只。航务局成立后，常驻董事王顺存、经理王锡昌，企图发展，局务一新。计该局轮船之最大者，为海城号，长二百二十余英尺；其他轮船，长度亦均在百五十尺以上。钢质者十余只，木质者十余只，铁质者五六只；至于拖船，木质者仅数只。

此外若广信公司、镜波公司等，均各有轮数只。而个人所有者，亦复不少。其中最大者，为哈尔滨号，该船为前任本埠中国银行马行长者，长度亦二百数十尺，与庆澜、海城二轮，同为最著名之汽船。至江中来往之风船，亦甚多，载重亦可百余吨，虽其航行甚缓，然运费较低，故一般风船，亦颇得利。

至松黑乌三江之航线，本埠之轮船可达者，计程四千余里。自本埠上溯至大赉，约计五百余里；下行至松花江口，再溯黑龙江而上，迄大黑河止，约二千七百余里；至乌苏里江口，再溯江而南，迄虎林止，约二千二百余里。沿松花江重要县份，有木兰、通河、依兰、汤原、桦川、富锦、同江等均属沃土。沿黑龙江者，有绥远、萝北、瑷珲等县，距瑷珲黑河六十里。普通人往往认为黑河即瑷珲，殊属误谬。瑷珲者，即前清咸丰八年，订立《瑷珲条约》之处也。江东即为六十四屯地，仍属于我，但其地之住民，受俄人之蹂躏者，由来已久矣。光绪三十四年，设瑷珲兵备道，及瑷珲直隶厅。民国三年，改瑷珲道为黑河道，改瑷珲直隶厅为瑷珲县；道尹及县知事，于民国九年，均移住黑河，惟县知事在瑷珲，尚有分署。黑河居瑷珲北，对岸即为俄之布拉郭威斯臣斯克，阿穆尔省之大都会也。黑河俗名大黑河，今日之繁盛，已超过瑷珲，就黑龙江华岸方面言，黑河则第一大埠也。至沿乌苏里江之县份，有绥远、饶河、虎林等县。松花江水势，涨落无定，平常行船之路线，深度约在六尺上下，普通则仅二三尺焉。有时江水陡涨五六尺，但不久亦即平复如初。

松花江内之行船标识，均归我国海关设备之，管理之。然晚间不点灯火，故行驶于松花江内之轮船，皆须自备探照灯，以防不虞。果大水时航行尚告安全。盖因松花江浅滩甚多，最卓著者，即为三姓附近之浅滩，计长五十余里。松花江多沙底，独该处为石底，俗名三块石，满天星是也，为全松花江内最危险之处。水浅时，轮船经过，常生危险。该处水深若干，当地海关，均逐日测量，挂牌俾众周知，但牌上所书之深度，常在实际深度之下。如水实深四尺，则书三尺许，盖恐各轮发生危险也。十七年六月，三姓分关，奉令裁撤。其水量标识，改由航业公会代为宣示。由三姓下行，五百三十里为富锦县，航行松花江之船只，均以此为终点。但继续开往黑龙江，及乌苏里江之船只，则经过此地而下行，由富锦县再下行，百六十里为同江县，俗名拉哈苏苏。岸北属俄，俄方有税关，我国有军队驻焉，盖亦国防上之要地也。下行十余里，即为松花江口，又名三岔口。

至黑龙江内之行船标识，概为俄方所设置，归阿穆尔流域水道局管理。水势较松花江为大，深度亦过之，故于夜间航行，亦甚安全。凡行船标识之上，均设有灯，华岸点红灯，俄岸点白灯，以为黑夜引导，水浅之处，并辅以浮标。沿岸税关，华俄两国均有之。自松花江口以上，至黑河仅有我国海关二三处，但对岸俄关则甚多，凡由华岸运入对方之货物，皆须纳税。

就松黑乌三江运输上言，主要者不外客货两项。春季开江后，赴下江之人最多，或耕田地，或业工商，秋末则多返哈而之他。夏间则客货均较春季为减，迨封江期近，则又与开江时同。盖因下江各埠所用物品货物，皆须采自哈埠，每封江期近，各商均来哈，争购货物。而运输之目的地，至输入哈埠者，以木材粮食为著。盖吉江两省，素为森林渊薮，而农产物尤告丰腴，哈埠四通八达，为木材粮石之大集散市场故也。兹以民国十五年度计之，由本埠搭船运往下江之旅客，计九万余人；转回本埠者，亦六万余人。货物之到达者，共为三千三百三十六万一千布特。起运者，共为四百七十万一千布特。可见到达者，几为起运者之十倍，北满特产物之富饶，可见一斑矣。至十七年度，各项客货运输，陡见增加。计进口之粮食货儎，总额为四千一百七十余万布特。仅粮食一项，即占百分之七十。出口总额，为三百五十余万布特，全体货儎运费总收入为五百三十六万八千元。

至旅客数目，计下行者，五十万○七千余人；来哈者为三十三万四千七百余人；收入客票款额，总计为三百四十七万九千余元。近年松花江水势甚大，各轮船较已往，尤为得利。每来往虎林、黑河等埠一次，为期需二十余日，较大之船，获利每逾万元，非若前数年时，上下客货，往往不能及时相应，竟有放空船，前往迎儎之事，损失甚多。是以现在各轮，均经航业公会之规定为有定期之航行。如某轮定于某月某日，开往某处，届期必须开行，不得延宕，一洗以前之弊。盖从前往往定某期开行，届期以为客货较少，则有一延而再延者，至售卖船票，亦经航业公会议定，在本埠江沿者，共有三处，出售船票，均冠以第一第二等名称，以清眉目，客人按规定价值交款，则可得票，十五年以前则不然，出售船票之处，本埠多至百家，凡沿江各小商店，及市内各大小逆旅，均可代售，其价值无定，有时若竞卖焉。如甲轮定价三元，乙则二元许售之，又有时价值甚昂，凡代理之处，均可额外抽头。客人或茫于情形，反觉以为省手续。诸如此类，层出不鲜，训至事务渐行混乱，航章等于具文。年来航业公会，洞悉积弊，严加整饬。凡不遵航章，有意违犯者，一经查出，即由航业公会，照章议罚。最近为整顿航运及报关事宜起见，经众议决，于十八年四月，设立航运联合办事处，计总办事处一，本埠江沿，共设分办公处四，凡客商有运往各江货物，直接商洽，尤省手续。至是东北航务，陡见起色。不佞书至此，亦停笔而为我东北航业前途贺也。

第三节 东省铁路之变迁记

东省铁路于清光绪二十二年开始建筑，二十九年竣工，截至现在止，为期计三十年，其间之变迁历史，非有专书不足以明其详，至本节所述者，不过其梗概而已。自光绪二十二年起，迄现在之局面止，其变迁之历史，可分为三期。自光绪二十二年起，至民国六年十月止，此二十余年之长时间，为第一期，即俄人全权治下之期；自民国六年十一月起，至九年九月止，为第二期，即东省铁路之大混乱期，亦可名东路之危险期；自九年十月起，迄现在之局面止，为中俄两国共同管理之期。此三时期，有因果相连之关系。盖无俄乱，则无第二期之混乱，无第二期之混乱，更无以成今日之局面也。兹略申述之。

初当清光绪二十二年时，俄皇尼古拉斯第二，行加冕礼，李鸿章奉清廷命，为庆贺专使，俄方优礼有加，目为上宾。盖俄之意，固为明眼人所一望而知者也。李亦以中日《马关条约》为奇耻，久思报复，遂思以夷制夷，乃与俄方订密约"二十一条"，俄遂得东三省铁路之敷设权焉。

同年七月二十五日，清廷命驻俄大臣许景澄，与道胜银行总经理罗多休，订立《中俄合办铁路公司合同》十二款。中国政府，以库平银五百万两入股，所有建造经理一切事宜，均由华俄道胜银行承办。同时道胜银行，另立一专公司，名曰中国东省铁路公司。该公司之钤记，由中国政府刊发。至公司章程，则依照俄国国内诸铁路公司之成规。所有股票，只准华俄两国商民购买。公司总办，由中国政府选派，常川驻在京师，其职务即在随时考查该银行及铁路公司，于中国政府所委办之事务，是否实力奉行。至该银行与中国政府往来账目，总办均有随时查核之权。铁路工程，以六年为限，必须告竣。自该公司路成，开车之日起，以八十年为期，所有铁路及铁路一切产业，全归中国政府，毋庸给价。又从开车之日起，三十六年后，中国政府，有权可给价收回。凡铁路所费之资本，及为铁路应用所欠之负债，与应加之利息，均由中国政府，全数偿还。十二月四日，又订立《中东铁路公司章程》三十款，重复申明前十二款之意义。光绪二十四年五月，中俄两方，又续订《东省铁路支路合同》七款。俄人遂得直筑铁路至辽东半岛之旅顺口大连湾焉。

俄人侵略之基本政策既达，于是肆无忌惮，更进第一步之殖民政策。不意日人衔俄索还辽东半岛之恨，又见其坐大日甚，因之秣马厉兵，十年之久，而日俄战争，遂爆发矣。迨《朴次茅斯条约》成，而长春以南长一千四百五十四里之南满铁路，遂转让于日矣。初当东路建筑期内，我国以其横贯吉黑两省，于光绪二十五六年之间，先后成立吉黑二省铁路交涉局，专理东路用地内之华俄交涉事宜。时俄势方张，视我国如无物，其殖民之政策，遂日益显著。于是渐次侵占土地，攫取航权，干涉行政，擅驻军队等事，层出不鲜。东省铁路公司，本系营业性质，至是遂变为正式之侵略机关矣。光绪三十三年时，我国以彼方侵吞无已，于我国之土地，藉口铁路需用，尤肆意蚕食，长此以往，隐患将何堪设想。遂于同年七月二十二日，由吉黑二省所派之专员，与东路当局，订《黑龙江铁路展地合同》十四款、

《吉省展地合同》十三款。计沿线已共占地十八万余垧，并言此后不得再行侵占。同年又订《吉黑两省铁路煤矿合同》及《吉省砍木合同》。三十四年三月，黑省当局，又与之订立《黑省砍木合同》，于是吉黑两省之矿产及木材，又多为东铁所有矣。

惟是物极则反，月盈则亏。古今中外，理无二致。不意欧战猝起，俄国政变，影响所及，远达东陲。东省铁路一带，乱党迭起。我国遂拟着手接收。七年一月三日，大总统特派吉林省长郭宗熙，兼任督办东省铁路公司事宜，设督办公所于哈尔滨。此为庚子乱后，我国续派之第一任督办，藉得与闻路政之始。同时我国派军来哈，维持治安，并于沿线驻军队，设临时警备司令。旋俄乱日急，东路为国际间之要路，列国遂共同出兵，藉口保护远东和平，遂拟共同管理西伯利亚铁路，连带将东省铁路，亦划入范围。计出兵者，有日、英、法、美、意等国。民国八年二月十七日，由驻华日美两公使，拟定《共同管理东省铁路办法》，凡出兵西伯利亚，各协约国皆派代表一人，我国亦派代表，共同组织铁路专家局，以为共管之初步。旋俄国以为东路已矣，不如依照前约，交还中国。虽未至年限，但中国亦有相当股份，遂决意无条件交还中国，由赤塔政府外交委员羊森，于同年七月二十五日，向我宣言云：苏联政府，情愿放弃以前侵略中国得来之权利，欲将东省铁路，无条件交还中国，请即接收可也。九年二月，苏俄代理外交委员长喀拉罕，又照会我国外交部，再申前议，后又再接再厉，并云：中国如能承认苏维埃社会主义共和国，则俄情愿放弃一切权利。惜我国当时，以为列国共同出兵，不知结果若何，犹疑观望，坐失良机，不敢接收。遂使甘心交还之东省铁路，已成过眼之云烟矣，言之曷胜浩叹。

旋以列强均势之关系，日美间发生意见，英法意等国，亦不欲共管。遂于民国九年十月二日，经我外交部与道胜银行，续订《管理东省铁路合同》七款，仍为中俄合办，派宋小濂为督办。时俄局长沃斯特罗乌莫夫，实操一切大权，中国督办，实未能督办，不过虚设而已。十一年三月，王景春继任督办，与东路诸董事等，经多次商议，路局各处，始添设华副处长，并于沿线增设华方学校多处，以符中俄合办之实，路权始渐次收回。民国十三年九月二十日，《奉俄协定》七款既签字，遂声明东路纯系营业性质。其原定之八十年，减为六十年，无条件交还中国。旋王景春去职，以鲍贵卿继任督办。久未到任，由参赞何守仁代行职权。将前之铁路公司，改为理事会，以督办兼任理事长。俄方设副理事长一员，华俄理事，人数相等。十月，驱逐沃局长，旋置之狱，以伊万诺夫继任。十五年一月十六日，伊局长违犯路章，擅发布停驶南路客车之命令，遂由戒严司令张焕相，依戒严法逮捕伊万诺夫；一面经理事会议决，将伊万诺夫免职，以副局长艾义斯曼特代行职务。十六年春，又由叶木沙诺夫继任局长。四月，首席理事吕荣寰，继于冲汉为东路督办。折冲樽俎，颇著伟功，若所谓之路款存放、人员平均、路校经费等三大悬案，亦次第解决，遂成今日之局面。此东省铁路变迁之概略也。

至东路名称，亦因时而更。初曰东清铁路，民国以还曰中东铁路，俄变后又称为东省铁路，今沿称之，但此不过华文字义上之变迁。至英俄文字原名，则仍旧。迄今通车将二十六年，距离准我国备价收回之期，尚有十年；距无条件交还中国之期，尚有三十四年。不知将来我国政府备价赎回乎？抑待期满，无条件交还中国乎？不佞惟拭目以待之。

第四节　东路之现在情形

东省铁路干路，全长一千三百八十八俄里，合我国二千八百十六里。支路自哈尔滨至长春，二百二十五俄里，合我国四百三十八里。自满洲里至哈尔滨，共设大小四十二站。自哈尔滨至绥芬河，共设大小五十六站。自哈尔滨至长春，共设大小二十一站。加之哈尔滨总站，全路共计一百一十九站。机车自有者，四百六十一辆；租来者六十辆，计五百二十一辆。客车百六十五辆，均系自购。货车自有者九千辆，租来者二千辆，计一万一千辆。是以东路现共有车辆一万二千一百八十六，全路人员二万八千余名，规模之宏大，我国国有诸铁路中，无有及之者。横贯吉黑二省，南接南满铁路，东通海参崴，西连西伯利亚大铁路，可直达欧洲，为国际间要道，列强素所重视者也。

吸收北满特产，运输国外各地。近年来营业日益发达，民国十三年度，全路之纯收入，共为卢布三千七百五十万元。十四年度，共为四千六百三十万元。十五年度，共为五千三百五十万元。按卢布之价，依市行为转移。现时最高价，每卢布一元，兑哈埠国币一元六角余。以旅客之搭运言，十三年度，为二百十八万三千人。十四年度，为二百四十五万四千人。十五年度，为三百二十五万人。十三年度，货物之运输，为一亿八千四百七十万布特。十四年度，为二亿〇六百七十万布特。十五年度，为二亿五千五百八十万布特。每布特约当我国三十斤。就中以粮食为最多，超过全数之半。十三年度粮食一项，独占百分之六十二，计一亿一千五百万布特。十四年度，占百分之六十六，计一亿四千万布特。十五年度，占百分之六十八，计一亿七千四百一十万布特。由此可见，东铁营业之进展，及北满特产物之丰富也。至输出者，尚有木材，亦为大宗。输入者，以煤为最多，其次为食盐、煤油、宾进油、糖类及杂货等，但总数计之，尚不及粮食一项多也。

就东路之组织言，最高监督机关，为东省铁路督办公署，其次即为理事会与监事会，均为路局之上级机关。督办公署之组织，督办一员，系特任职待遇。参赞、秘书长各一员，均简任待遇。秘书三员，及科长四员，均为荐任待遇。顾问、谘议无定额，但依事实之必要，需添用人员时，由督办会商交通部核定之。简任待遇各员，由督办商请交通部派充。荐任待遇各员，由督办遴派，报部备案。考督办之名，俄人始终未加承认，不过承认中国政府之代表外交官而已，俄人脑海中，只知有理事长，不知何为督办。是以督办对于路局方面，华文公文，则用督办字样名义；俄文公文，则为理事长。至其经费，由路局年拨十三万二千元卢布，俄方提出此款，初不过问华方之用途，我方遂以此款为东省铁路督办公署常年经费焉。

理事会为立法机关，设理事长一员，为华人即督办是也。华理事四人；俄方副理事长一员，理事四人。分为四股办事，每股以理事二人分任之。俄理事为正，华理事为副。考其实各股大权，均在俄理事手中，华理事不过副署而已。分为总务、财务、商务、法律、技术五处。凡关于东铁一切章则及要务，认为有效者，均须经理事会通过。

监事会设华监事长，及监事各一员。俄首席监事，及监事各一员，该会主要任务，即为审核理事会议决通过之预算及决算，以及临时开支等款项；直辖稽核局及秘书处二机关。

东省铁路管理局，初分为总务等十八处，后军事、航务、民政、学务等处，先后取消。将附于车务之电务，分设专处。又将交涉处，改为华俄秘书处。十七年十一月，会计处改为财务处，另添设恤金处。现共分为总务、法律、商务、进款、财务、工务、车务、电务、机务、兽医、材料、地亩、房产、恤金、秘书、卫生等十六处，及经济调查局、天文台等。自添设华副局长后，将路局之一部，划归华副局长直辖。局长共三人，俄正局长一人，华俄副局长各一人。除秘书、进款、电务、恤金等处及印刷所，为华副局长直辖外，其他各处，均归俄正副局长，分别直辖。

至路员之任用，不分华俄之人民，凡年满十六岁，无身体上之缺点或疾病者，均可从事东路。路局局长，有任免调遣工务、机务、材料、商务及进款等处职员，年薪在二千〇一卢布，至三千六百卢布者。至其他处职员，年薪在一千二百〇一卢布，至三千六百卢布者，局长亦有任免及调遣之权。惟对于任免各处长、段长、各项专门技师，及其他职员，年薪在三千六百卢布以上者，应呈请理事会核夺。各处处长，对于年薪在二千卢布以内之职员，有任免调遣及处罚之权。关于机务、车务、工务各处，均有总段长直接管辖，及指挥各该段技术事务及职员，并负完全责任。各总段长，对于年薪在一千二百卢布以内之职员，有任免调遣及赏罚之权，若系专门技师，则不在此例。东路全部职员，虽薪金以金卢布为本位，实则每月按市价折合哈埠大洋发放，以故有从事东路多年，薪金虽为卢布，但迄未见卢布为何状者，亦殊可笑也。以路局全部人员论，依据《奉俄协定》，华俄两方，应人位平均。但现在虽为中俄合办，实则大权仍操诸俄人，去平均之限度，尚差甚远。至路款存放，初皆存储于俄方之远东银行，近经理事会多次会议，华理事力争，始提出一部，存于华方之东三省银行。

至路立各学校，虽为我方接收，实收苏俄方面之三十六校，仍均自路局照旧支领经费，华方之二十一校，则由特区行政长官公署垫发，共垫十五个月份，迄十六年十二月一日，始正式解决，全部移归华方办理。

近来东路当局，为抗制东瀛之大满蒙主义起见，拟添筑七大支路。第一支路，自一面坡起，经过同宾、方正两县，达于三姓，长一百三十四俄里。三姓一带，均为木材产地，同宾则为粮食产地，以吸收依兰道区之特产。第二支路，由乌吉密起，至五常止，长四十五俄里，以便吸收五常一带之农产。第三支路，由穆棱至马桥河边，长三十一俄里，以便吸收附近木材。第四支路，由绥芬河至密山，长一百七十俄里，以便吸收密山一带农产。第五支路，由满沟至肇东，长三十一俄里，以便吸收附近农产，并可以抵制洮昂路之支线计划。第六支路，由安达至拜泉，长一百七十俄里。拜泉为黑省最著名粮食之集散市场，且可与呼海铁路争衡，并可抵制大满蒙主义计划中滨黑之一线。第七支路，由双城至扶余，长九十余俄里。此七大支路，最先动工者，将为第一、第五及第六这三线，其余第二、第三、第四、第七等四线，则次第兴筑。果此项工程告竣之后，则满蒙局势，定将大行变迁也。

第五节　邮务

吉黑邮务区，为我全国二十三邮务区之一。初名北满邮务区，管理局亦名曰北满邮务管理局。民国十二年，始改称为吉黑邮务区、吉黑邮务管理局。设于本埠秦家岗，直隶于交通部之邮政总局。于吉黑二省，共分设一等局七处，二三等局，共一百一十七处。吉黑邮务管理局，所属人员，其等级有六。最高首领为邮务长，下设副邮务长，以次甲等邮务员，乙等邮务员，邮务佐，最末者为信差。在本埠共有分局六处，计道里一处，傅家甸五道街一处，四家子一处，江沿一处，马家沟一处，香房一处。有邮寄亭第一、第二、第三、第四、第五、第六等六处。各局均分售票、汇兑、包裹、挂号、快信等部分。

包裹部分，另有专室，有海关派员检验。凡由各处寄来之包件，信差先将执照，送与收受人，然后该收受人，持执照至附近邮局之包裹处取领，当场将包裹启封，除违禁物在禁止之例及一部分指定物品，不许邮递外，凡新制之衣服，及制造之原料品等，均须照章纳税。

至邮局汇水，逐日不同。凡吉黑二省区域内，汇水均每百元由一元至三元。盖吉黑邮务区，皆为哈大洋通行之区，由某处邮局付汇，至其他处邮局，则仍领哈埠大洋票故也。但汇往吉黑邮务区范围之外，则须纳较多之汇费。其汇水无定率，与时局之静乱，有涨落之关系。依现在之汇率论，须百分之四十左右。哈埠大洋票之价值，可想而知矣。盖哈大洋虽名为国币，其票面上虽有极明显之兑换银元字样，实则不充量兑换，即所谓兑换者，须持有赴关内之火车通票，经数日之拥挤，当事者之呵斥，始克兑得，且以十元为限。职是之故，哈埠之大洋票，遂不能与银饼通用矣。是以由哈付汇时，需哈埠大洋票，至内地则领得银元也；反之由内地汇往吉黑邮务区域内，则付之银元，而领哈票，惟外加所失之汇费。

本埠各邮局办公之时间均不同，星期及放假之日，包裹汇兑均停止，他部则有三四小时之工作；普通日则依季候为转移。包裹汇总等部分，无论在何季，办公时间均甚短。至发封各处之邮件，则依火车轮船之次数而别。南路经过哈长线者，每日发二次，东路及西路则每日一次；由轮船搭往下江之邮件，约每日一次。附近县份，需人力送投者，则间日一次。凡寄往大都市之邮件，均汇寄直封。如寄往北平者，其邮袋内，均盛寄北平之信件。较小之市镇，则封于寄往附近之城市袋内，再行转递。

至邮票本为全国通行一致者，惟吉黑邮务区则不然，凡票面之上，均戳以限吉黑贴用字样。盖亦有最短之小史作焉。初吉黑邮务区内，出售邮票，均直收哈大洋票，每百分收洋一元。当哈大洋票初发行时，在民国七八年间，仅中交两行，彼时固纯粹之国币券也，后银行日渐增多，出纸币者，共增为五家，因特种之原因，哈埠大洋，遂日益跌落，汇水亦日涨，但每百分仍售哈币一元。于是好利之徒，以为有利可图，因之贩卖邮票者，大有人在，以哈埠大洋买得之，运之于通行银饼之地而售之，则每百分可获利数角。旋邮局渐悉其隐，但亦无相当方法以制止，除限制购买数目外，别无良策，遂定为每人购买，至多不得超过五十分，且须持有待邮之信件，若无信件，则只准购十分，但牟利者，仍有其人。吉黑邮务管理局，遂于民国十六年四月，正式改定，于邮票面上，均戳以限吉黑贴用字样，并不限定数目，任便购买，因之是种邮票，除吉黑邮务区之外，则不生效力，于是贩卖邮票这事，遂寂然无闻矣。十七年五月一日，吉黑邮务管理局，奉邮政总局之命令，改为哈洋一元二角五分，兑得邮票一百分，惟限定吉黑贴用之办法，与人文发展上，不无妨碍。假如向内地书局，购定价不足一元之出版物，依以前邮票代价办法，即可代表现金，今则无异提高其代价，以为微末而忽之，不知其影响殊大。根本办法，惟有提高哈大洋之价值，十足兑换，则一切问题，自可迎刃而解也。

第六节　电政

本埠电政，可分三项，即电报、电话、电车是也。此三项均属于交通范围内，至电灯一项，本属于公共事业范围之内，兹亦附本节，以便查询。电报又分为有线、无线两部。电话亦分为有线、无线两部；有线又分为埠内及长途两部。兹依次述之。

一　电报

甲　有线电报

本埠电报局计三处，一设于傅家甸北头道街，一在道里，一在秦家岗，直隶于辽宁之辽吉黑电政监督处。其直通地点，为沈阳、长春、阿城、方正、富锦、扶余、珲春、依兰、伊通州、佳木斯、吉林、郭尔罗斯、同江、宁安、农安、额木、磬石、宾州、双城、陶赖昭、新甸、德墨利、延吉、榆树、桦川、长岭、双阳、伏龙泉、万里河洞、一面坡、横道河子、海林、穆棱、绥芬河、铁岭河、马桥河、细鳞河、汪清、下九台、海兰泡、龙江、昂昂溪、满沟、安达、绥化、海伦、呼兰等处。凡华文明语，不论本省隔省，每字哈洋一角七分五厘。华文密语，或洋文，每字哈洋三角五分，亦不论本省外省。一等官报，不论明密，每字均减半。新闻电报，不论本省隔省，华文每字现洋三分，洋文六分。加急者，一概报费为三倍，如原价一角者，加作三角是也。

乙　无线电报

无线电台，设于本埠西马家沟，直隶于辽宁之东北无线电监督处。与世界各大电台，均可直接通报；于本埠道里及道外，各设无线电收发处一所，专司发送各地及接收事宜。凡国内各地，英文每字本省一角一分，外省二角二分，新疆、云南三角三分；中文密码，与英文同价，中文明码，每字本省七分，外省一角四分，新疆、云南二角一分，加急加三倍，校对加四分之一。南满沿线各地报费，英文每字大洋一角八分；中文密码与英文同价，中文明码，每字大洋一角二分；日文前十四字母，大洋五角四分，后每加七字母，加大洋一角八分，加急亦加三倍，校对加二分之一。日本、朝鲜各地报费，英文前五字，金票四角五分，大洋四角五分，后每加一字，金票五分，大洋九分；中文密码与英文同价，中文明码前五字，金票四角五分，大洋三角，后每加一字，金票五分，大洋六分；日文前十五字母，金票四角，大洋三角，后每加五字，金票五分，大洋六分。发朝鲜减收金一角，加急亦加三倍，校对加四分之一。

二　电话

甲　有线电话

子　本埠　埠内电话，可分为二部，傅家甸及四家子。均属于滨江电话公司安置，现有电话一千五百余号，但道里及秦家岗各机关，或较大商号，亦有专线通道外者。其机械初属旧式，即摇铃式者，向电话公司要某号时，说数号及名称，均可挂到。若要道里，则须先查明所要之号码，由电话公司转挂。十八年春，由各董事等议决，改定自动电话式，经外商承办，限三月初装设完竣，因于十八年三月九日下午七时，自动电话，全部通话。道里道外以前连线仅五条，今则道外电话公司增加十五条，道里加二十条，共计三十五条，以便利道里外通话。如道外电话与道里通话时，先拨九字，然后再拨道里之号码；与上号通话时，先拨八字；与呼海路通话，先拨七字；与哈尔滨长途电话通话，先拨〇〇二字。

至特区方面之电话局，初属于东省铁路局管辖，我方原未收回。十七年十二月二十二日，代理东三省电政督办蒋斌，奉东三省交通委员会之命，来哈接收，改名为东三省电政督办公署，直辖哈尔滨电话局。现在通话共计三千一百余号，道外各机关，亦有专线安置者。其机械系采用最新之自动式，与道外同。每话机有轮形机械一面，其上标明，由一至〇之数目，通话者，先查明对方之号数，然后以手按号机而移动之，则对方立可回答，殊称便利。不佞于民国十三年，曾至大连，参观日人所设立之大连电话局，即采用是式，当时由日技师某，详为说明。盖是式用法既属灵便，机械又不易损坏，局内更可省却多数人员，利益颇多。

丑　长途　哈尔滨长途电话局，设于傅家甸纯化街，直隶于辽吉黑电政监督处。于吉长哈等处，特设专线，其他通达地点，共三十余处。各处通话费不同，依距离之远近而异。计长春、巴彦、兰西、庆城均一元六角；双城、呼兰、满沟、对青山、三岔河、蔡家沟等地均一元；绥化、望奎、一面坡、乌珠河一元四角；安达、宋站、张家湾、陶赖昭均一元二角，海伦二元一角；拜泉、四平街、中兴镇均一元，吉林二元二角；肇东、青冈均一元七角；农安、绥棱均一元九角；阿城七角，克山、三道镇均二元五角，铁岭二元四角，沈阳二元六角，辽阳四元五角，海城四元七角，营口四元九角，公主岭一元八角，松北镇二角，二克山二元八角；加急则加倍，每次通话以三分钟为限，每次加通告费一角，印花一分。

此外黑龙江省驻哈尚有长途电话局，局址在道外北四道街，其价目较昂于前者，且其通话地点，仅限于齐齐哈尔等十地，不若前者范围之广。十七年春，东北当局，为保持电权起见，与俄方商洽妥协，设哈满绥长途电话总局于哈尔滨，十月安装竣事，于十七年十一月一日起实行通话。计由哈至绥芬河哈洋二元三角，双城子四元二角五分，海参崴四元五角，伊曼五元〇五分，碧京五元五角，伯力六元。通话分寻常、加急、特急三种。以上价目，系属寻常。加急照上三倍，特急十倍，每次以三分钟为限度，局址在哈埠南岗长官公署街。

    乙　无线电话

本埠广播无线电事务所，初设于道里外国八道街十八号，法商长途电话公司内，直隶于东北无线电监督处。十七年春正式建筑广播电台，于哈尔滨南岗长官公署街，四月末建筑落成，五月一日开始放送。电波长四百六十尺，每日晚六时放送，并直接收受东亚各地广播无线电。计北平电台波长四百八十尺，每晚九时放送京剧；大阪三百八十五尺，每晚均发送新闻；海参崴四百八十尺，每星期二四六七日放送；仁川三百四十尺，名古屋电台波长三百六十五尺，东京电台波长三百七十五尺，大连四百尺，沈阳四百二十五尺，上海三百三十五尺，仁川、名古屋、沈阳、东京、大连、上海六电台，均每晚六时至九时放送。

就中以平津广播无线电台，放送最多，亦最饶兴趣。每星期一至星期五诸日，均下午八点半开始放送。下午八点半至八点五十分，放送新出西乐唱片，每日更换。八点五十分至九点十分，发放新出中国唱片。九点十分至九点十四分，发放北平交易所各项商情，如当日上午开盘及下午收盘之钱市、外汇、公债、证券及米面、杂粮行情等等，以及当晚戏目。九点十四分至九点十六分，报告时刻。九点十六分至九点十七分，预告次日气象。九点十七分至九点二十五分，放送国内新闻、广播消息。九点二十五分至九点四十五分，放送天津平安、福禄林、戈登堂、天升等处西乐，每十分钟更换一次。九点四十五分至十二点零十五分，放送北平开明、中和、广德楼、第一台、华乐、明星、三庆、城南游艺园等各戏院坤名伶戏曲。每逢特别日，如星期六、星期四，或令节、国庆、及其他纪念日等，则提前放送，于下午六点五分至八点零五分，发放南北滩簧、时调大鼓，以及雅俗杂曲等项。八点零五分至八点五十分休息。八点五十分以后，则与普通日放送节目同。每星期一日，北平例无好戏，特放送开滦国剧社社员之京剧。遇北平义务戏时，更酌量提早；遇有特别节目，如名人演讲、西人歌唱等，临时规定时间，于先一日晚，广播报告新闻完毕时，预备听众。

凡哈埠各公私馆舍，商号工厂，均可随意安设受音机，由法商长途电话公司等数家，派员装置，每具最廉者，不过七八十元，举凡东亚各广播无线电台之放送者，均可听得之。所谓聆歌曲于千里之外，知天下于斗室之中者，舍此莫属也。谓为娱乐之无上妙品，孰曰不宜？

三　电车

哈埠通行电车，在于民国十六年国庆日，第一期工程告竣，即开始通车。其主司机关，为哈尔滨电业公司，辖于吉林省署，总办一缺，为简任职待遇。初该公司系由吉林省政府，与商民集股设立，然省政府之投资，为数甚巨，现已达七八百万元。将来拟改为哈尔滨电业总局，完全收为官办，以次收回特区界域内之电灯等事业。第一期工程，系自西马家沟之教堂街发电厂起，直向东，至东马家沟之国课街，转向北，至秋林洋行转角处，顺大直街而西，至喇嘛台再向北经过秦家岗之火车站，越霁虹桥，达道里之东警察街止，此为干线。由道里至车站，车费每人五分，由车站至电业公司，每人五分，由电业公司至马家沟，每人五分；其他支线，为自喇嘛台，达秦家岗铁路局，车费亦为五分。开车以来，成绩尚佳，现共有电车二十四辆。至第二期路线，则定于本年，续行铺设。近已着手收回特区方面之电灯事业。不佞实企望该公司之前途，与日俱进焉。

四 电灯（附）

埠内电灯事业，分为两部，凡傅家甸及四家子之区域内，均用滨江耀滨电灯公司所发之电，系华商自办。每基罗瓦特，即中国所通称之一字，大洋二角五分。所谓一字者，即用十烛光之灯，七十四盏，一小时所燃用之电量是也。凡用户能设五盏以上之灯，即准安置电表；若无电表者，只准点用零盏。其价目依烛数之大小而别，十烛光每盏每月大洋一元二角，十六烛光一元五角，二十五烛二元，三十二烛二元五角，五十烛三元五角，一百烛六元，二百烛九元。

至道里一带之电灯事业，初则操之于日人经营之北满电气株式会社。该会社系接办俄人者，现在道里一带用户，多仰给于该会社。每字金票一角七分，零盏以二十五烛为起码，每月金票一元八角。自十六年十一月，电业公司开始供给用户之电后，斯二家遂日趋于竞争状态，互降其电费，由二元降为每盏每月一元，因双方之竞争，而用户大称便宜。

现在电业公司所发之电，电力极为充足。电表每月用电不及一百字者，大洋一角七分；一百字以上者，一角六分；二百字以上者，一角五分。工作及广告电，一月不及二百字者，每月一角三分；二百字以上者，一角一分。零盏十六烛光者，每月一元四角；二十五烛者一元八角；三十二烛者二元一角；五十烛者三元；一百烛者五元一角。

至公私团体，能自行摩电者，亦甚多。若东铁路局、秋林洋行、永胜火磨、老巴夺烟草公司及其他著名之火磨油房工厂等，均自购置代那模，自行发电。其中永胜火磨、秋林洋行，均属营业，东铁则系自用。自电业公司放电后，该两家业经收回。此本埠电灯事业之概况也。

第七节　埠内之交通

市内来往搭客车辆，除电车已于上节分述外，计分大汽车、小汽车、四轮马车、二轮马车、人力车五种；搭运货物者，计分运货汽车、四轮车、板车、大四轮车四种。

大汽车共约一百辆，均属营业用。其驶行之路线，均在特别区地域内；至滨江县所属之傅家甸，四家子，则一概不许通行。其载客之数，均由特别区警察管理处规定，冬季准载十五人，其他季则准载十七人，违者照章处罚。至驶行之路线有五：一、为由道里新城大街，与石头道街之相交处起，沿石头道街东行，越铁路直向东，沿南马路至与许公路相会处，再沿许公路而北，终于道外正阳大街之西口，此路线长五里，通名道里道外之线，每人车费五分。二、为由中国大街北端，中国三道街口起，沿中国大街而南，转向中国十二道街而东，再沿新城大街而南，经过车站直向西南，止于秦家岗之西八杂市，此路线长十二里，每人车费一角五分。三、由同地点起，亦经过车站，但转向东南，经过秋林洋行，直向东南，终于马家沟之国力司克牙街，此路线长十二里，每人车费一角五分。四、为由新城大街，与石头道街之交会处起，西驶止于正阳河，此路线长五里，每人车费一角。五、为由正阳大街之西口起，沿许公路而南，经过车站，直向南至香坊为止，此路线长十七里，每人车费二角。自电业公司之电车通行后，以大汽车之路线，与电车平行，殊属有碍营业，因函请特市当局，重新规定大汽车路线如下：道里至正阳河，由十二道街起，经过中央大街，向南由斜纹街，再经五署门前，直达正阳河。道里至懒汉屯，由商务街，经过中国大街、十二道街、大石头道街、地段街、军官街、火车站、松花江街、公司街、邮政街、大直街西首，至懒汉屯。景阳街至香坊，由景阳街停车场，经过景阳街、许公路、山根街、松花江街口、海关街、满洲里街、喇嘛台、通道街、直达香坊。道外至顾乡屯，由桃花巷西门脸起，经过地包，直达顾乡屯，每人车费二角。道里至秋林，由商务街，经过中央大街、十二道街、石头道街、地段街、军官街、山根街、新买卖街、大直街，并将秋林洋行至马家沟一段，停止通行。道里道外一线，则仍旧。此最近规定者也。

至小汽车，则分自用与营业两种。其号数与大汽车共列之，总数为一千四百辆。五百号以内者，为自用车；由五百〇一号至六百号，为大汽车；由六百〇一号至七百号，为运货汽车；由七百〇一号起，至一千四百号止，为营业小汽车。道外方面之小汽车，由滨江警察厅注册者，共八十余辆，均为自用车。小汽车之营业者，每车限定载客四人。其路线无定，凡与大汽车路线相同者，其车资或等或倍之，除上述五路线外，则由乘车者，与司机人临时议定价额，约每里二角。

四轮马车，本埠通称为马车，即成凹字形者，亦发为自用与营业两种，共约二千余。其路线无定，每里需洋一角，但起码价至少亦须一角五分。

二轮马车，本埠通称为斗子车，又称为板斗车，盖以其形酷似斗故也。总数一千三百余。自用者甚少，车体及轮辐，尚称清洁；至营业者，则污浊特甚，有时兼载货物及菜蔬。且是种车，只两座位，妇女雇用者，亦必须与车夫，并肩而坐，又于观瞻不雅，以故智识阶级之人，绝少乘坐者。最普通之主顾，即为劳工与缝妇等。车资甚廉，起码五分，每三里止需洋一角。

人力车，总数计三千四百余，自用者亦不多，每里需洋一角，各级社会之人，均乘坐之，为本埠最普通之车。

至载货汽车，均为各工厂商号自有，并无出赁者。四轮运货车，通常有以一马驾者，有二马驾者为数无多，均为埠内各啤酒厂及汽水公司等自用者。通常街市载货物者，均为板车，具二轮，车身为平面，以便装载体积较大之货物，总数计四千五百余。其价目无定，均由雇主与车夫临时议之，为本埠最普通之载货车。至大四轮车，则为专载木料者，前后各二轮，并非固定，若载数丈长之大木料时，则以二轮置前方，以二轮置后方，以大绳系固，则木料犹车身然，共计四百余。

至本埠与江北松浦镇（即马家船口）之交通，则有横江小汽船与风船、小船三种。小汽船每人船费一角五分，风船与小船均一角。所谓风船者，即帆船也，此间通称为风船。小船者，即成槽式，用一人之力，持二桨而划者也。小船又可由道外各码头，溯江而上至道里，每人船费亦五分；至江心之太阳岛，则一角。民国十六年以前，横江汽船只数只，而营业犹不甚发达。十六年度，横江小汽船，遂增为数十只，风船亦遂行加多。盖有二因焉，一为呼海铁路新筑成，松北镇即为其起点，由本埠赴绥化、海伦一带，遂均乘火车而行，船客因之激增。其他重要原因，则为江北属黑龙江省，自十六年度，烟禁大开，松北镇烟馆林立，而江南特区与吉林省仍厉禁如故。是以哈埠无量数之瘾君子，均每日渡江，寻吐雾喷云之乐。于是来往乘船者，人数益以增多，每日来往之人数，黑籍中人，约占十分之五六，则哈埠瘾君子之多，可想而知矣。故本埠好事者，通称松花江为阴阳界，江南为光天化日之阳界，江北为黑气迷漫之阴界，本埠之人，每日由阳而阴，由阴而阳者颇多，可谓花花世界，无奇不有矣。

至冬季大江封冻，船舶停驶，来往江南北者，则有汽车及耙犁，其费均一角。好浏览冬季江上风光者，多乘耙犁，一人持竿撑之，竿头有钉，不至滑溜，其驶如箭，转瞬即达彼岸。至沿江上下，寒期轮船停驶，则本埠各企业家之长途大电车，又应运而生焉，车主多居奇，所定之价极昂。如至方正、通河一带，去本埠不过四百里，需费竟三四十元；三姓不过六百余里，则须五六十元。至松北镇之历史及现况，当于本书附录二内详述之。

066~086

第五章　实业

5.

实业

第一节　输出输入之统计

哈埠为北满之唯一集散市场，又当北满特产区之中心，轮轨飞驶，水陆两便，其输出输入之特产及货儎，以民国十五年度计之，总数在一亿万布特以上，为量之大，诚堪惊人。至由附近乡间大车输出输入者，并无统计之调查，尚未列入。十六十七两年度，尚无统计之调查。兹将民国十五年度之输出输入，分为水运，即由松花江转运者，陆运，即由东省铁路转运者两项，依次述之，想亦关心实业者所乐闻也。

一　水运

十五年度由松花江输出者，以煤为大宗，计一百一十万〇五千四百布特；其次为食盐，计三十四万四千六百布特；再次为煤油，及宾进油，计二十四万六千八百布特；以次麻袋为十五万四千七百布特，林木六万二千四百布特，石四万二千二百布特，面粉二万一千八百布特，酒精一万八千八百布特，其他各项杂货，统计二百七十万〇四千三百布特，木桎四立方沙绳，是以十五年度，由松花江输出者，总计为四百七十万〇一千布特，及四立方沙绳木桎。至输出各货之销场，则为下江一带，及阿穆尔、乌苏里各埠头，其输出之煤，计运往呼兰糖厂者，不过十六万五千布特，其余九十四万〇四百布特，均运作航行江中各船轮之燃料矣。至输出之大宗食盐，亦皆销于松花江一带，为人民所必须之食品，总之十五年度之输出，较之十四十三年度，均有增无减，航业前途，诚属乐观焉。

　　输入者，当以特产物为大宗，此尽人所知者也。计黄豆为二千四百三十二万三千布特，小麦四百八十八万八千二百布特，高粱十八万八千七百布特，其他杂粮，共计十三万八千四百布特，林木为二百六十万〇八千七百布特，大桦子为一百一十四万六千八百布特，面粉为一万九千五百布特，其他各项货儎，共为四万七千七百布特，木桦一百一十九立方沙绳，总计十五年度，由松花江输入本埠者，共为三千三百三十六万一千布特，及木桦一百一十九立方沙绳，其中黄豆一项，占全额十分之七强，可见北满一带特产物之丰富也。至由东铁运输者，尚详另条，并不在内。考输入之粮儎，依其产生之区域论，当以由哈尔滨至三姓一带为最多，占输入粮食全部十分之六。其次为林木，盖建筑品所必需者也。至输入锐减者，则为木桦一项，十五年全年输入者，为一百一十九立方沙绳，十四年度为五百六十五立方沙绳，十二年度，为七千二百三十立方沙绳，然则十五年度木桦之输入，不过当十四年度百分之二十，若与十二年度比较，尚不及其百分之二。盖因下江一带，每年砍伐森林之量，遣过于新殖之量，以是桦价奇昂，转卖者无利可图，此本埠近年来桦价之所以有涨无落也。

二　陆运

　　关于哈尔滨区，十五年度陆路之输出输入，经多方探询，终无确切之统计数目。盖哈尔滨区，分为总车站、香坊、八站、埠头等部分，故无统一之数目。兹将民国十五年度，东省铁路全路之货物运输状况略陈之。虽未能知哈埠之输入输出确切数目，但以输入论，大部分销之于兹集散市场之哈埠，与东路全部运输之比例，可占四分之一，其为量之大，可以想见。考东路民国十五年度之运输总额，共为二亿五千五百八十万布特，比较十四年度，超过四千九百一十万布特，较以往各年，更无论矣。共计粮食为一亿七千四百一十万布特，煤为一千九百四十万布特，建筑林木为一千三百七十万布特，豆油二百六十万布特，食盐五百八十万布特，木杵六百一十万布特，干草二百四十万布特，其他建筑木料，为六百四十万布特，除建筑材料外之其他材料，共为二千五百三十万布特。以上只粮食一项，即占全部百分之六十八，除一部分之大豆小麦，及少许杂粮运入本埠外，其他大部皆运往国外矣。至其中所运之煤，即为札兰诺尔及穆棱两处之煤矿，运入本埠及沿线各地。

查十五年度，东省铁路运输总额，虽为二亿五千五百八十万布特，然就中输出一项，即占一亿七千一百八十万布特。分析言之，由南路输出者，共为九千六百三十万布特。由东路输出者，共为七千三百八十万布特，由西路输出者，共为一百七十万布特。输入一项，共为三千四百一十万布特。分析之，由南路输入者，共为二千九百一十万布特；由东路输入者，共为四百四十万布特；由西路输入者，共为六十万布特；其他本路内运输，总共计四千九百九十万布特。合计之，仍符原二亿五千五百八十万之数也。考十五年度，由南路输出之粮食，为八千八百七十万布特；由东路输出之粮食，为七千〇一十万布特；由南路输出之林木，为六百六十万布特；由东路输出之林木，为八十万布特；由南路输出之货傤，合计为一百万布特；由东路输出之货傤，合计为二百九十万布特；至由西路输出之粮食林木及零星货傤等，合计之，仅得一百七十万布特。查十五年度，东路全线之粮食运输，为一亿七千四百一十万布特。

由上观之，自南路及东路二线输出者，共为一亿五千八百八十万布特，占全部十分之九，其余只得一千五百余万，散漫输出于本埠及沿线，可见东省铁路特产之运输，几皆为输出者。又考十五年度之输入，由南路输入者，以煤及食盐为大宗，煤为一千〇二十万布特；食盐为四百二十万布特，其他入口货，合得一千四百七十万布特。由东路输入者，亦以煤为大宗，共计二百三十万布特，其他货儎，合得二百一十万布特。至由西路之入口货，向无起色，全部不过六十万布特。其中与以前不同者，即由十四年来，有苏俄所制之布匹，及其他贵重货儎输入，此亦欧战后之奇观也。总上计之，以南路之营业第一，其次为东路，以西路为最下，此东铁当局之所以有将南线改为双轨之拟议也。

第二节　金融界之概况

金融之周转，与市面之盛衰，物价之涨落，生计之窘易，地方之安危，均有息息相关之势，所谓能左右市面者是也。哈埠华洋杂处，币制纷繁，钱业机关，尤称混乱。兹将属于金融之范围者，略别为银行、钱粮业、汇兑庄、兑换铺、储蓄、典质、金店等项，依次述之。

一　银行

银行之重要，远过于其他各项。何则？盖银行之业务，不外办理存款、放款、贴现、国内外汇兑、买卖金银、代理金库、发行钞票等项。举凡利率之高下，汇水之涨落，兑换之分量，纸币之信用，无一不与市面有密切之关系，稍有变动，影响全局。

考本埠之银行，属于我国者，计中国、交通、东三省、边业、广信公司、永衡官银号、黑龙江官银号、兰海实业公司、大同银行等十余家。其中发行纸币，流通市面者，计中国、交通、东三省、边业、广信等五家。所谓之哈大洋票是也，就中信用素孚，支店最多，业务范围亦较大者，则中交两行尚焉，民国七八年间，羌帖毛荒，一跌再跌，俨同废纸，当时中交两行，遂发行国币券，流通市面，准备充足，票额有限，通行代价，直同现金；厥后各银行，争相仿效，发行逾多，于是昔日十足兑换之国币，今则成为加汇水百分之四十余之哈大洋焉。现在各银行发行之数目，尚无精确之调查，据官厅及银行团之宣称，谓五家发行之总额，为三千九百万元。至票面之上，明明印有兑换现大洋之字样，实则所谓兑换者，须持有赴关内及营口、大连等处之火车通票，且须经数日之拥挤，长时间之暴露，此外尚须受当事人员之呵斥，始克兑得少许（其数目无定，如初准每人持通票者，兑换五十元，后减为廿元，今则减为十元矣）。于是发行愈多，愈成不兑换之纸币，因之价值日落，信用愈减也。十七年一月，汇水之最高限度，竟达百分之六十许。彼时市面恐慌，物价陡涨，诚有哈大洋以来之奇闻也。旋政府为整饬金融，关心民生起见，决意严加整理，于十七年二月，由京政府正式任命，以东省特别区行政长官张焕相，兼任哈尔滨金融监理官。于是在银行方面，稍有所忌惮，而政府方面，亦有所责成。国计民生，裨益匪鲜，至其他银行银号，则范围甚小，仅办理放款存款，及少数地点之汇兑而已。

除上述之发行哈大洋票五家外，其规模宏大，业务猛进者，当首推兰海实业公司。该公司办事敏捷，信用卓著，资本金为天津现大洋一百万元。总公司设于本埠道外南三道街，以金融及储蓄二项为主要业务，以粮业、木业、盐业、当业、皮毛业等为附属业务。在三省各大埠及关内各地，多有其分公司，办理附属业务，总计十六处。今成立不过四年，业务之发达，诚堪惊人，各股东之获利，历年均在四分以上。在职重要人员，皆系教育界出身，待人诚恳，处事和平；其公司中之普通人员，亦非如本埠诸半官式之营业，目无余子，傲睨一切者，所可比拟，故营业之进展，一日千里。就中储蓄部之组织及办法，尤属优异。成立未久，储户竟达二千余户，储金总额达百数十万元。不佞考其发达，若斯之速者，其信用素孚，资本雄厚，固为主因；但时间之便利，与夫利息之优厚等因，亦有以致之也。例如哈埠其他银行银号之办公时间，多属有限，且藉故放假休息之习，司空见惯；该公司则每日办公时间，在八小时以上，即星期日亦照常办事。至利息一项，尤属优厚，活期存款，多由一分二厘至一分五厘之间；定期则在一分五厘与二分之间。最近又添设一种红利储蓄，其利息尤超过其他。是故该公司储蓄之人，纷至沓来者，不为无因也。

　　至外人在哈所设之银行，计俄有远东道胜、犹太国民等家，英有汇丰，美有花旗，法有露亚。日有正金、朝鲜、正隆等银行，东洋拓植、日露实业、北满兴业、东省实业、贮金信托等株式会社。其业务不外办理汇兑、贷借款项、买卖特产等事。质言之，即各挟偌大之资本，作经济之吸收是也。

　　诸外国银行中，发行之纸币，通行斯地者，仅日之朝鲜一家。然即此一家，亦足以制满洲之死命，遑求其多乎？截至现在止，朝鲜银行在东三省及朝鲜境内，所发行之纸币，达七千六百〇三万一千一百元，此中正货准备，不过二千六百七十八万一千八百元而已。是以朝鲜银行一家，发行之纸币，较之哈埠五银行号，发行之哈大洋票，总数尚超过三千七百余万元。其纸币流行于东省及朝鲜境内，系属不兑换性质，仅准买卖交易作汇各地。斯项纸币，即吾人通称之金票是也。按斯项纸币，日政府并不准流行于其国内，凡入日境者，均须换正金纸币；至出日境时，则再改换朝鲜银行之纸币，如是则该项纸币，完全流行于其国境之外。呜呼，以不兑换之纸币而来，吸收满洲之特产及现货以去，想读者诸君，均明达之士，当可推得其结果矣。金票一项，在满洲经济界上，占绝大之势力，凡重要之交易，莫不以金票为本位。盖在满洲区域之内，各集散市场之大批货物，几全为日货，是以其纸币之价值，尚超过于我国币也。现在哈市，每哈大洋约一元四角许，方可兑得金票一元；十四年春时，则金票一元三角许，始兑得大洋一元，以此可见哈埠大洋之日趋毛荒也。但金票随标金行市为转移，我国为银本位之国，其兑率之渐小，实自然之趋势，而哈埠大洋之不兑换，亦无可讳言者也。在十六年一月九日以前，本埠特区境内，凡道里南岗之大小交易，无不以金票为本位，于中国之土地内，以他国之纸币作本位，反客为主，漏卮日甚，诚奇耻也。

旋东省特别区行政长官张焕相，以为特区境内，完全我之领土，完全我之主权，各项交易，不以国币为本位，反以外国币制作本位，殊属非是，因通令所属：自十六年一月十日起，凡特区境内，各公私交易，皆不准以金票为本位。自即日起，着即停使金票，完全以哈埠大洋为本位。违者以扰乱金融论，课以重刑。此项命令公布后，哈埠大洋，始稍见提高焉。但现在埠内各商之发购大批货物，其币制之授受，隐隐中仍以金票为本位。盖销售者，多为日货，是种趋向，亦必然之势也。

二 钱粮业 汇兑庄 兑换铺

次于银行可以左右市面行市者，厥为钱粮业及汇兑庄，至兑换铺则无若何较大势力，不过与局部尚有稍切之关系。哈埠钱业，混乱已极，界限不清，分别尤难。专营钱粮业者有之，专营汇兑业，或兑换业者亦有之，营汇兑业而兼作投机事业者有之，营兑换而兼汇兑业者亦有之，自其外表观之，实无从断其等第。盖在滨江及哈尔滨两税捐征收局方面，总称之为钱铺。而别为若干等级，以课国税，往往有资本雄厚，交易宽广，而故意自降其等，希图减缴国税者，故匪为局外人无从调查其资本若干，营业若何，即当地商会，亦无由以别其翔实之等级焉。

所谓钱粮业者，其主要业务，即专在交易所作大宗之投机事业，或代客买卖，于中取利，其数目每自数万，以至数十万，不仅角逐于现市交易场，对于期市，尤为把持。凡特产物之买卖，因期市之不同，而别为近卯、中卯、远卯三种；其行市依期限之久暂，及年成之丰歉而异。主要者，为大豆、小麦两项，即每日上下午开市散市之行，亦不同。如十六、十七年度，北满一带，大豆丰收，当秋末大豆上市之期，近卯之市行，恒昂于中卯之行，而中卯之行，尤昂于远卯之行。小麦则反之，盖当秋令，并非小麦成熟之期，是以卯期之价，亦异于大豆，近卯之价，低于中卯，而中卯之价，则又低于远卯，以故行市之高低，卯期之远近，遂生出差数之关系，而营钱粮业者，因之得大注之利益焉。

本埠诸钱粮业中，在交易场最有力者，当首推广信升、永衡通等家。盖是种钱号，皆为省政府金库所支设，挟其固定之势力，及不完全兑现之纸币，以与商民争利。此外东三省官银号，以次各家亦如之，不仅在交易所作大批之买卖，每值特产上市之期，于重要市镇，均分设收买专所，大行批收，是故资本稍薄之钱号，多不能与之抗衡。至普通钱粮业，则代客买卖，为其主要业务，每元扣用二分，或一分五厘不等，约以时局之变迁，与经济现象之趋势，为操纵之标准，然具左右市面之能力，亦颇不弱。

此外英、美、俄、丹、日诸国，在哈设立收买特产之机关甚多，若苏俄在哈之三大特产收买商，如葛斯托尔克、西比利斯基、瓦尔沙特，均能左右市面。此外所谓某某贸易局也，某某商会也，某株式会社也，某购买组合也，某商事会社也，杂谷收买业也，为数不下百余家，其名称虽异，而其目的则一，要言之，所谓经济吸收者是也。

其次即为汇兑庄，资本均由数万，以迄数十万，凡关内外之各地，多有其分号或联号，于经济场中之买空卖空，尤为有力，最能左右市行。若功成玉、益发合、敦昌号等皆是也。年来因特种关系，其焰稍戢。而于汇兑事业，尤能得商民之信仰，其汇水每稍高于银行，而低于邮局，但汇兑者，仍肩摩踵接者，盖以其信用素孚故也。

又次为兑换庄，本埠通称之为钱铺。苟具三五千元之资本，即可纳税开业，专营零星兑换，及千元左右之倒把事业。其兑换之现物，即金票、奉票、永衡大洋、吉黑官帖等纸币，每元约扣百分之一二用金。例如现在市行，每哈大洋一元，值金票七角三分，或值奉票三十五元，设有人欲以哈大洋二元，分买金票及奉票，则每元可兑得金票七角一二分，或奉票三十四元五六角；反之，以金票或奉票，购哈大洋，则需七角四五分，或三十五元五六角。盖斯种兑换营业，内外折扣，决无亏赔之理。其每以倒闭闻者，则由于倒把之所致耳。至特区境内之各兑换庄，多兼有兑换美俄等国之纸币，及现货者，其辗转扣用，与上略同，兹不分述焉。

三　储蓄　典质　金店

本埠储蓄事业，不甚发达，惟有奖储蓄一项，则多趋之若鹜。

完全华人自办者，有兰海实业公司储蓄部、奉天储蓄分会、滨江储蓄会等。不过滨江储蓄会于一年前营业尚颇发达，近因借款者多无力偿还，该会遂多没收其抵押之不动产，因之现款流动滞塞，就目下言，该会仅办理善后事宜，并未能符储蓄之实。各储蓄会之业务，不外定期存款、活期存款、定期贷款、活期贷款四项。细别之，又分为整存整取、零存零取、零存整取、劳工储蓄、婚嫁储蓄、教育储蓄、养老储蓄等项。其活期存款之利率，普通以六厘起码；定期存款，最高利率为二分。至贷款利率，则须二分五厘，或三分不等，要以期限之长短，与款数之多寡而别。

就中奉天储蓄分会，尚别为有奖储蓄一部，其期限为十年，期满还本。全会每号每月储蓄十二元，半会者六元，四分之一者三元，每于月之一日，在辽宁总会开奖一次，总数约二千号。

至外人所办之有奖储蓄机关，有中法储蓄分会、万国储蓄分会等。其中以万国储蓄会，营业最为发达。总会在上海法租界，分会数十处。创办于民国元年，截至目下终止，总共八万五千余。全会储入之款，计二千九百余万。每月发奖金二十九万余元，即特奖一项，已达四万二千余元，头二三四等奖各四十余。本埠储户，可占全部四分之一，其储蓄者之多，可以想见矣。

考储蓄事业，本属俭德；但有奖储蓄，则系绝对之骗人事业。即十年之期，犹觉其长，况万国储蓄会之十五年期乎！请申言之，夫世人均财利熏心，第知一得大奖，即可立地成佛。殊不知于八万五千余号之中，仅有一特奖；每五百中，始平均有一普通奖。其普通奖之头等为二千元，二三四等为三百元、二百元、一百元，苟得奖者，姑无论矣。吾人试退一步思之，以今世之社会情形，治乱无定，年迁月积，即陵谷频更，况靡常之人事乎！以悠久之十五年长期，始得还本，中途不得领取。即所谓中途领取者，须期满二年；且全会者，所领取之数，尚不足其储入之二分之一；半会、四分会，更无论矣。况十五年之久，为期一百八十月，须月月送存，若稍一中断，即全部沦沉矣。吾人平均寿算，不过五六十年，其间做事干禄之期，仅一二十年，犹得仰事俯蓄；即所谓富绅官贾，又孰能必其为长时间之富裕，登无极之仕版乎？据该有奖储蓄会职员言，中道而止，无力续储者，大有人在。然则有奖储蓄，非煌煌之骗人术而何？夫商业之种类亦伙矣，其能坐享厚利，永弗亏赔者，舍营有奖储蓄外，盖无他焉。

至典质事业，本埠共三十余家，其利率分为三分、四分两种。三分者以十六个月为满期，四分者以十三个月为满期。民国十一二年间，各典质业，均为五分利率，以六个月为期。当时无不利市数倍，厥后经当地官厅严加限制，且规定利率及时期，遂成今日之情形也。

营金银业者，本埠计四十余家。其行市之转移，均依上海标金及规银之兑价而定。其赤金之成分，较之他省，均称上选。盖黑省素以产金著名，本埠又为其集散之地，是以将本埠所售之赤金，转售之于迤南地带，无不以上品目之也。

第三节　工业界之情形

本埠为东三省大商埠之一，因水陆交通之便利，及各种出产之丰饶，工商业之发达，一日千里，三省中其他城市，并无可与其相伯仲者。本节专述本埠工业界之情形，约可知其发达之梗概矣。就中素执牛耳者，当为油房及火磨两项。其油房数目之多，规模之大，非独见称于三省，即吾全国之任何城市，亦无出其右者。盖大豆、小麦二宗，均为满洲之特产，惟大豆一项，尤喧闻于世界，占吾国三大出产之第一位，其每年销于外国之量，实逾全产额之半。依工业之原理考之，一地方某种工业发达与否，均视其当地之原料供给为转移。若美国之面粉，销行于全球；我国江浙之丝织品，喧闻于世界，皆由于当地原料之供给充足，有以致之耳，是以本埠油房、火磨之发达，实同斯理。

全埠油房，计三十五家。八站一区独占其半，得十八家，香坊八家，顾乡屯四家，道外三家，松北镇一家，道里一家。每日出油约平均十二万斤，出饼二万八千片，其消耗大豆之量，可想而知矣。除一部销售于本埠及附近地域外，其他大部，完全运往外国。十五年冬，西洋某实业家，来哈观光，参观本埠某油房时，惊为世界最大之油房。吾人骤闻之下，似觉过甚其词，但设置于产量大豆最多之东三省内，诚可当之无愧矣。

至本埠火磨，共计三十余家，平均每日磨麦八万布特，出面六万布特，就中以道里之双合盛，八站之东兴二家，尤为著名。双合盛为私人营业，资本雄厚，规模宏大。东兴火磨，初为东三省官银号，与奉天兴业银行，合资设立，近则完全归东三省官银号自办。本埠面粉，销售于本国之量甚少，民国十二三年以前，尚畅销于奉直鲁一带；近因洋价跌落，各商之自哈贩运面粉者，反不如贩运江苏及美国等地所制之粉，似觉有利可图，以是本埠所制之粉，遂大部销售于国外，以沿海滨省、西伯利亚及俄国等地为最多。

本埠之制铁业，亦颇发达。民国九年时，仅有十数家，次年，因金融影响，铁货滞销，能支持者，只余五六家；年来进步颇速，咸知注重机械，锐意改良，销路骤见畅旺，现在本埠制铁工厂，共计五十余。其生铁、熟铁之来源，多系购自东铁路局，所拍卖之废旧物品，加以冶炼制造。据十五年度调查之统计，本埠各工厂所制出之大小机器，计八百余架，均运往松花江下游，及吉黑两省地带，共获利六百余万元，较之五年前，实不啻霄壤也。

又毛织业著名者，当首推道外之裕庆德毛织工厂。该厂于民国十五年完全成立，纯粹华商自办，规模甚大，机械精良，所制各种毛毯呢绒，质地精致，花样翻新，不特在国货中堪称上品，即舶来品亦可与之抗衡。

又次若英人设立之老巴夺烟草公司，及俄人之秋林烟庄，均采办各处烟叶，自造各种纸烟，规模壮大，销路甚广。惜为外人所设，坐见利权外溢，不佞实不欲笔之于书也。

其他皮革、洋烛、织布、肥皂、洗染、织袜、建筑、酿酒、汽水、糖果、墨汁、玻璃、酱油、罐头、照相、印刷、衣服、鞋帽、日用器皿、儿童玩具，以及其他各种制造工厂，都计二千余，名目纷繁，兹不分述。要之，哈埠年来工业之发达，诚不可以道里计，益以东省土地肥沃，特产甚多，山川广源，蕴藏尤富。吾人果洗故步自封之习，易为研究改善之策，青山不改，绿水长流，来日方长，犹谓欧西永专美于前，吾人终望尘于后者，吾不信也。

第四节　杂货业之变迁

本埠工业之概况，已如上述，兹将商业之情形，约略言之，以供读者诸君之参考。惟商业界之范围，亦颇广漠，然可以代表一埠之商业界者，厥为杂货业。本埠营杂货业者，华商计一千二百余家。就中资本充足，营业发达者，当以道里之公和利，道外之大罗新、广和成、同义庆、益发合、义丰源、东发合、同记商场等为最著名。俄商以秦家岗及道里之秋林洋行为著，日商以道里之松浦商会为最著名。但犹有言者，道里及道外各区，中外商店栉比，资本雄厚者，比比皆是，惟多营批发业务，其所备货物，虽直运自国内外各地，但种类无多。如批发呢绒者，即专备呢绒；批发布匹者，即专备布匹。至普通除上述者外，其货品均不完全。此不佞之所以择较著之数号，以为其代表也。

大罗新、公和利，以次各杂货业，均采办环球货物，搜罗国内土产。举凡绸缎顾绣、呢绒布匹、钟表翠玉、宝石眼镜、华洋衣服、化妆物品、茶叶干菜、四季时冠、江西名瓷、**珐琅料器**、各式璧镜、铜铁洋床、皮箱皮包、中西地毯、留声机器、各种颜料、玲珑器皿、日常用品、儿童玩具，罔不罗致待沽。其中以大罗新、同记，货品尤为完备。凡照相用具、胶片材料、卫生点心、罐头糖果、风景画片、博物标本等，皆分部陈列，待价而市。

我国商人习惯，向极固执，往往一成不易，不知潮流之趋势，更不知研究改良，对于销售货物之法，尤为腐旧。凡客人一入其门，即遣一伙徒尾其后，并瞪目视客人之举动，一若防缉贼焉，惟恐有窃其物，于是有心购物者，反气愤而去；其无心购物，志存参观者，更相戒裹足，如是而望其营业之进展，诚适燕而南辙也。就中以大罗新、公和利等，尚知改良。开设以来，即任人参观，购买与否，一听自便，决不加以护从，随身监视。虽无意购买者，于参观之际，浏览之余，偶有中意之物，即付价而沽之。如斯公开办法，在顾客方面，固得参观之趣，而在商店方面，又可得多市货物之利，此该二商号，营业之所以日趋发展也。年来其他各大杂货商，均渐知改进，争相效尤。

近于扩张营业之术，尤为钩心斗角，均扩大户窗之面积，列五光十色之货物，以便任人观望，广置各色电灯，成明灭不定之现象，以免迷其所在。此外雇吹夫数名，大吹特吹，扎松枝牌楼，夺神炫目，一面藉报纸而广告，一面减货价以招徕，于是门庭如堵，营业日隆。

至大罗新一号，更冠其他，对于售货之法，改进之策，尤时加研究，并罗致商业专门人才，充各部职员，总经理以下，分设若干部，组织周详，有条不紊。

同记商场一号，系于十六年秋，建筑落成，犹之旧都之劝业场焉，陈列各种货物，别为若干部，任人观览。所不同者，劝业场系商场性质，其中共为数十商号，而同记则完全单一之商号也。

至广和成开设本埠计二十余年，营业尚称不恶。近因环境之趋势，亦力洗陈旧之组织，而为新式之陈设。除采用上述各种广告法外，并演露天电影，悬银幕于空中，除映影片外，且映其货品之名称等，观者万人空巷，在该号所费无多，而于营业前途，关系綦大，此又本埠破天荒之广告术也。

最近道里十二道街口又建高楼一所，名曰同发隆杂货店，其规模宏大，约可与大罗新等相伯仲。迩来更闻上海先施公司，将设大规模之杂货分店于本埠道外。是以杂货业之变迁，非但今昔不同，且其竞争，亦益趋激烈，故进步颇速焉。

第五节　其他各种业务

滨江扼满洲之要冲，绾欧亚之孔道，工厂林立，商店栉比，本章第三、四节所述者，不过工商业中之彰明较著者，他若药店、医院、茶叶庄、五金行、森林、转运等公司、电料、化妆、书籍、文具、钟表、宝石等商店，为数甚多。致外人经营之机械、烟草、药行、皮毛、农具、建筑、酿造、染料、涂料、统炮、弹药、化妆香料、化学用品、美术杂货、钟表玩具等业务，尤难指数。要之，人世间所必需者，罔不罗致靡遗，应有尽有，此俄人之所以目为东方圣彼得堡也。兹仅就华商方面，择要言之，虽未能云详，但本聊备一格之义，以实兹录。

　　次于上节所述之杂货业者，厥为药店、医院。吾人一莅街市，则见夫煌煌牌匾，触目皆是，不云川广地道药材，即云东西两洋丸散，不云某某官厅考取之医士，即云某某政府特许专卖之补丸，其中对于所谓特许专卖之药品，大为众多。若美育宾、美兴宾、金刚片、勃而兴、生殖灵、青春腺、强身宝。红色、蓝色、白色、黑色等补丸，名称新颖，种类蘩繁。惜不佞未攻岐黄之术，更迷药物之理，究未详所谓兴者、育者、勃者、刚者，及补者，作何解释，所医者何症。友人某君，学问渊博，常识丰富，因释之曰：子何孤陋寡闻之甚乎？不知我国之积弱，由来已久，方今内忧外患，交逼而来。诸大医士，本为良相，当为良医之旨，经几许之艰难，始配制成上列各种药品，均属强筋骨，壮体力者，非惟有益个人，且体力既壮，一显男儿好身手，精神既到，何事不可成哉！余闻之不禁跃然而起曰：如斯则诸大医士，慈航普渡，有益家国之功，诚不可泯。行见哈埠之人，皆身体壮伟，精神焕发，当兹国家多事之秋，果驱十万横磨剑，一面驰骋中土，扫荡赤气；一面驱逐蛮夷，固我边围，则神州大陆，一跃而为东亚之雄邦。可计日而待，果尔则诸大医士，未来之功，当勒诸贞珉，垂诸无极也，惟不佞犹有疑者，所谓之六百〇六、九百一十四、一千二百〇六等药针，其广告等触目尽是，未悉医何病症。友人无以对。想读者诸君，均明达之士，当有以教之也。

至本埠医院，计数十处，就中以滨江医院为最著名。该医院系属官办，内附设东三省防疫总处，规模宏大，设备完全。又附设医学专门学校一，共有男女学生七十余人，十七年秋，校址迁特区，改为特别区教育厅直辖。

至本埠茶叶庄，共五十余家。其稍著者，为东发合、德记、王正大、宝兴长、同记等号，均直自闽赣皖等省产茶区购运。

埠内五金行，共计二十余家，以天庆仁、东来成等号为著。其他各五金行，均麇聚于道外中五道街，及道里新城大街一带。各项货物，以德国制造者为最多。

森林公司，总计二十余家。其中海林、札兔及驻哈鸭绿江采木分公司等，均为中日合办，其余则为华商自办。林场皆在下江一带，砍伐之木料，大部由松花江运入本埠。

又转运事业，华人设立者，计十余家，但资本甚微，分店有限，故其转运之范围亦甚小。其资本雄厚者，当以日人之国际运送株式会社，及驻哈满铁事务所、东省铁路商务代办处等最为著名。举凡世界著名之都会城市，海陆运输，一切转递事业，均行承揽。

至电料行共计三十余家，化妆品则有广生行及先施公司等数家。

书籍文具店，有中华书局、新华印书馆、中国印刷局、魁升堂、承文信、成文厚等二十余家。就中新华印书馆、中国印刷局二家，为上海商务印书馆之特约代理店。新华印书馆一号，为本埠印刷界之铮铮者，其工厂规模宏大，举凡一切铅印、石印、精印、彩印等，均能承印。

至钟表、宝石、眼镜等商号，近年来营业日见发达。营斯业者，共计七十余家。中以四恒、海北天、亨得利、欧罗巴、世明表店、精益眼镜公司等家为尤著。盖钟表、宝石、眼镜等物品，其销路与人民之进化，风俗之奢靡，成正比例。本埠素有花花世界之称，是以该项货物，销路亦愈广焉。

第六节　外商在市埠经济界之潜势力

不佞述本埠之实业概况既竟，慨然长叹而得其结论曰：哈埠之工商业益发达，外人之经济侵略愈烈，其经济侵略愈烈，则贫我国也益愈速。试申言之，夫哈埠工商业之发达，一日千里，骎骎然与沪汉津连并伍，吾人一考其详。试问本埠各大工厂，应用之机器，何种为吾国制造？各大商号所贩运之物品，为我纯粹国货者有几？恐任何人亦不敢率然而应曰。机器，我国制也。物品，我国产也。然则据斯理而广之，哈埠多设一工厂，即外人多享一分利益；多贩一批货物，即外人多剥我若干脂膏。本埠工厂林立，商店栉比，就机器而言，大部购自外人，就货品而言，一二出自国产。商战烈于兵战，蚕食无异鲸吞，如兵战败，则败者固无论矣。然胜者黩武穷兵，亦不无劳师费饷之虞；但商战败，则我之脂膏，为彼吸收净尽；而彼且不劳一卒，不费一饷，坐吸吾脂髓以去，其不免于灭亡者几稀矣。是以本埠实业愈发达，即外人享利益愈多。质言之，我国之人民，反为外人经济侵略之先锋队矣。

哈市开辟已久，外人之营商于斯地者，计占全埠人口三分之一。举凡英、美、法、德、意、俄、日、丹等国，罔不积极侵略，相互角逐，以哈埠为其共同战场。此中占绝大操纵力者，厥为俄、德、日三国。机器类等，以德为著。杂货物品，则俄、日尚焉。据哈尔滨海关入口册之记载：一九二七年度，由各国输入哈尔滨之各种货物，其价值总计为关秤银二千一百七十七万五千三百四十两。以苏俄来货为最多，占总额十分之九强。兹分述如次：日本二四五六五一两，英吉利一〇九九四一两，美利坚六七七八五六两，法兰西三九三三八五两，德意志四七七四八〇两，芬兰二九二两，比利时二一一九一两，意大利一二〇二二两，香港一六四七两，苏联一九八三五八七五两，总计，二一七七五三四〇两。

德国现努力恢复欧战前在远东大陆经济界之势力，对于国内工业制造，力为提倡，并设法奖励输出，本埠绾欧亚大陆之中枢，遂首当其冲焉。据海关入口册之记载：民国元年，由满绥两处输入之德国商品，达四千余万元；嗣在欧战时期，因断绝输入，德货顿形中止前来；直至民国十一年，始又卷土重来，是年输入经过满绥两关者，仅值一百五十万元，十二年二百五十万元，十三年五百万元，十四年九百万元，至十五年度，则一跃而为二千三百万元焉。其输入之物品，全数运入本埠，然后或输往他处。其种类不外各种机器、五金器具、杂项机械、药品、瓷器、电料、皮革、汽车、电车、玩具、马口铁等。制造既甚坚固，形体又美丽壮观，而价格比之英、美、意、法等国，又颇低廉，故甚蒙一般人士之欢迎。现在侨居本埠之德人，几尽为经济，设立账房，代理其本国各工厂销售物品，或介绍彼国商品。至其账房，并无大批货品，不过仅具各种货样而已，各华商看定某种，订立合同后，即时致电本国，克日起运，如期运到。最近由崴埠运到者，络绎不绝，计一千余万元，均系各华商订购之货。以此可见德商于本埠工业界，占绝大之势力焉。

其次即为日商。日人于本埠商业界，有绝大操纵之力。盖哈埠各华商所售之货物，即日货一项，可占十分之四强。就中以绢布、陶瓷器、玻璃器具、洋铁瓷器等项为最多。最近哈埠一年间，绢布输入总额，达八百万元，此中日货占六成。其制品为白绢布、色绢布等。日本货品，如制造物等，虽品质甚低，与其他等国相差过远，但价格较廉，故日本货独占优势。至华商贩运日货，必须付以金票，以故金票，虽属不兑换纸币，然以经济事业为担保品，终能保持其固定价值，此日人经济政策之超过我国也。总计日人在哈设立之商号，达三百余家。营银行业务者十二家，粮食贸易十九家，火磨一，森林木材公司十二，畜产公司一，绢布类业务者八，杂货输入商十一，药房十五，其他贵金属，时计：宝石、洋纸、书籍、烟酒、燃料、电气、机械、统炮、火药、麻袋、写真、皮革、酿造、建筑、运输等，不下二百余家。吾人殊不可谓以哈埠之大，其二三百家，不能左右经济界而忽之也。

此外佐之以《哈尔滨日日新闻》报馆等数家，及帝国、东方、电通、苏联、露西亚等通信社，一面以经济为先锋，一面以宣传为补助。其东方通信社等，于消息传达，尤为有力。盖哈埠各华报馆十余，无一不为东方通信社等所电达者。总之吾人未来之隐患正多，言之殊堪悚惧。补牢之方，楮墨难尽。要之不外以整理金融，开发富源，振兴工业，提倡国货等事为前提。谋国之士，其亦有闻风而兴起者欤。

087~104

第六章 谋生

6.

谋生

第一节　总论

　　仕宦而至将相，富贵而归故乡。此人情之所荣，而今昔之所同也，欧阳公已先我而言之矣。夫大千世界，熙来攘往，茫茫尘海，芸芸众生，果何为乎？恐名利二途，无可逃之者。惟是绾铜符，膺墨绶，司民牧，登仕版，非人人可得而致也。必其人既承诗书之训，又蓄治世之方，待价而沽，学优则仕，然后附骥尾以奔驰，干青云而直上，纵不克致将相，爵王侯，犹可以光门楣，荣闾里，此人生之快事，亦滔滔者之所同欲焉。是以求之而未得者，比比皆是也。但求利则不然，人人可得而致也。稍著者，富商巨贾，鸿图大业；下焉者，贩夫走卒，货殖小本，虽百万与蝇头，相去悬殊，其为利则一耳。初无须圣贤之书，与经纶之策以助之，此求利者之所以多于求名者也。故曰：天下熙熙，皆为利来。天下攘攘，皆为利往。可谓千古不磨之论矣。夫生产与消费为对当者，人生斯世，凡衣食住用，无往而非消费，果无生产以济之，则与经济原理，大相背驰，此谋生问题所以为人生之一大任务也。

　　哈埠发达甚晚，既非历史名都，又非中外胜地，绝无土著，三十年来，人口竟如是之众者，率为四方之士，麇聚于兹，或避于烽火，或徙于苛政，生计维艰，糊口匪易，益以年来中原多故，变乱相寻，各省币制，相继跌落，独哈埠以安谧闻，于是安土重迁，转徙千里，山阴道上，络绎不绝。上焉者，或干仕进，或业企图；下焉者，或役人以自食其力，或货殖以稍薄蝇头。其业虽殊，其鹄则同。仕宦纵不克致将相，然满载而归故乡，亦足以荣闾里，而娱桑榆也。不佞非利禄熏心，无的放矢，盖感人心之趋向，而归纳之以述焉。

是以他乡之人，每望哈埠为财薮，为利窟，关山万里，辗转前来，因之人口益以增加，消费益以继长，而生活程度，遂相因而愈高焉。举凡房屋之赁租，物品之购置，以及衣服御用，日常必需，罔不有涨无已，在京津可度三日之资，在哈埠聊当一日之用。于是生计之研究，当为吾人之所同注意者也。

惟是巨宦显要，富绅大贾，积蓄有素，蕴藏尤多，一掷千金，习为当然，极尽人世之乐，享尽人世之荣，于生计问题，固无须注意而孜孜研求者也。

然则中下级社会则不然，或赖斯身以糊口，或倚劳力以养赡。依人作嫁，备尝辛酸之苦，暴露终日，饱受风霜之寒。与生计问题，实为切肤者也。尤有言者，处兹繁华之滨江，中级社会，更为綦难。盖所入有限，所出甚多。稍华丽焉，则群目之为奢；稍俭朴焉，则又目之为吝。一方受经济之压迫，一方应潮流之趋势，若不同流合污，则又交蔑之为孤傲，至其甚，则惟有垒筑债台以当之。友人某君，现充科长，尝语不佞曰：滨江生活最难者，莫若中级社会。盖上级社会之人，所入甚多。其奢也，世人咸谓奢其所当奢；其俭也，则又交誉其美德。下级社会，所入甚微。其俭也，世人谓俭其所当俭。中级社会者，入少出多，内而顾家，外而应世，一探囊箧，惟有清风明月耳，是之所谓非个中人不克道个中况也。惟职业类别既多，人之志趣亦各异，一失足成千古恨，再回头已百年身。此不佞所以有谋生章之作，而侧重于中下级社会也。凡上级社会，只字未及，区区微旨，当祈谅诸，非敢诩为滨江谋生南针，聊当读者诸君之一助云尔。

第二节　军警界

驻在哈埠之陆军，为第十八旅之一部。其薪饷均为吉林永衡大洋，并非哈埠大洋券，按现时之市行，吉大洋与哈大洋之价值，稍有出入。少校营长每月薪饷一百四十元，上尉连长九十元，中尉连附四十二元，少尉连附三十六元。连附者即以前编制之排长，今通称为连附。上士二十二元，中士九元四角〇五厘，下士八元六角〇五厘，一等兵八元〇五厘，二等兵七元二角六分。每月士兵之伙食，约三元左右，是故以兵士论，每月除伙食外，只余四五元。此四五元中，个人之补缀洗涤，以及一切零用均在内，非惟有嗜好者，不克足用，即谨饬之士，亦转眼即两手空空。友人某君，现充十八旅军官。其言曰：兵士之领薪饷也，竟一二日之短时间，即告罄，其他二十八九日，则空囊以度。一需零用琐碎等费，则告贷于所隶长官，是故虽一连附，每月总计之，即无形中津贴其兵士若干，然则其详情，可以想见矣。故充任兵士者，一方因本人并无一艺之长，果投身他种业务，实无啖饭之地；一方因飞黄腾达之念重，原期指日高升，因之东省健儿，投身戎行者，大有人在。

至十八旅之军队，向称整肃，军纪亦颇严明，其干部长官，治军尤为得体，故对于士兵之招补，甚为认真，不惟选择身家清白，秉性和顺者，且须觅具妥保，方准入伍。凡欲立足军界，为国效力者，即依上述条件，尽可补充士兵，不过藉一人之身，以赡养多口之家，于生计方面，似觉紧迫耳。至欲充任军官者，自少尉连附以上，除上述条件外，且须有相当军事智识，惟军官现均人位相称，果有志欲在十八旅充任军官者，一时实难顶补，非若前方戎马倥偬，战事顺利，颇易补充也。

至本埠海军之薪饷，与陆军稍有轩轾，盖因官长及士兵，均须有相当海军知识，目不识丁之普通人士，决难投入故也。海军薪饷，分为机舱人员及舱面人员两种。机舱较舱面为优，约多一成。兹述舱面人员之薪俸标准，计上校一级四百五十元，二级三百八十元，三级三百四十元；中校一级三百元，二级二百七十元，三级二百四十元；少校一级二百一十元，二级一百九十元，三级一百七十元；上尉一级一百四十元，二级一百三十元，三级一百二十元；中尉一百元，少尉八十元，军士长七十元；副军士长一级六十元，二级五十元；候补副一级六十元，二级四十元；见习生三十元，上士三十四元，中士二十七元，下士二十四元，一等兵十九元，二等兵十七元，三等兵十六元，一等练兵十二元，二等八元。是以大体计之，均较陆军相当阶级为优，且完全现洋本位，故胜于陆军多多矣。

本埠警察，分为特区及道外两部。特区方面，薪饷稍优，且经费充足，故服装用品等，亦觉整齐。上峰对于警务，考核极严，其警官等，均系服务警界多年，经验宏富者，警士亦多为警察传习所毕业之学警，特区警政，颇有可观。依现在之薪饷数目论，署长为一百二十元，署员六十元；一等巡官四十元，二等三十六元，三等三十二元；一等巡长二十四元，二等二十二元，三等二十元；一等警士十七元，二等十六元，三等十五元。自十八年四月份起，就原有之数目，业已一律改为现洋矣。凡外来之人，欲投身斯界，充任警士者，果有相当保证，粗识文字，身体强健，且有相当介绍之人，即可补充，惟欲谋充警官者，则似觉难耳。盖年来特区各界，均人浮于事，非独警界为然也。

至路警方面，与特警略同，惟勤务轻于特警。计一等巡官月薪八十元，二等六十五元，三等五十元，均按薪俸数目，加四分之一房费；巡长一等者月薪二十元，二等十九元，三等十八元；巡察员三十元，一等警士十三元，二等十二元，三等十一元；翻译一等八十元，二等六十元，三等四十元。以上数目，均为金卢布，依现在之市价，每卢布一元，合哈洋一元六角余。

道外警察之薪金，原较少于特区，自最近增薪后，其数目与特区，稍有轩轾。计署长月薪哈洋一百零四元，署员六十五元；一等巡官五十二元，二等四十六元八角，三等四十一元六角，四等三十六元四角；一等巡长二十元〇八角，二等十九元五角，三等十八元二角；一等警士十七元，二等十六元，三等十五元，每月经常费，即由滨江地方财务处，按月指拨，尚无积压。至欲在道外警界谋生，其资格及手续，与上述之特区同，故不赘述焉。

第三节　政学界

政界之范围广漠，机关亦纷杂，其概况已详于本录第三章，果一一述其薪金数目，谋事手续及相当资格等，非为篇幅有限，且似觉繁琐，故约略而言之。特区政界，比较薪金优厚，故现在各机关，虽均人浮于事，而在本埠坐候，及途中络绎前来者，则更仆难数。盖利禄念重，人之同情，原不必厚非也。兹举特区地亩局之薪金数目，以为代表，读者诸君，虽未能睹得全豹，要以一斑，亦可以隅反矣。计科长、秘书等月薪二百六十元，一等科员一百二十元，二等八十元，三等六十元，一等办事员九十元，二等七十五元，三等六十元；一二三等各技士与科员同，一等雇员四十元，二等三十五元，三等三十元。

至特区法界，薪俸均颇优厚。盖因法界需用专门人才，并非任便可以滥竽之机关可比。计庭长月薪现银元二百八十元，推事由二百二十元至三百元，候补推事一百五十元，检察官由二百二十元至二百六十元，书记官由九十元至一百二十元，候补书记官六十元，翻译官由一百元至一百八十元，检验吏四十五元。以上数目，均为现大洋，比较特区行政官厅，较为优厚。

总计特区内各机关，除长官公署为特任职官厅，固无论矣。其简任职各官署，当以特别市市政局，及路警处之薪金为最优。凡欲从事特区政界者，除具有相当资格及履历外，最难者即为介绍之人。盖僧多粥少及特种原因，遂相沿成必定之趋势焉。谚曰：朝中有人好做官。谋事诸君，务请三昧新言，即可领略其真谛矣。

道外各机关之薪金，与特区相去悬殊，如以滨江公安局而论，科长为九十八元，科员为五十六元，其他而下，则更渺乎其微矣。然亦人位拥挤，坐候者，尤不乏其人，此之所谓有山即有庙，有庙即有僧是也。不佞半生宦海，坎坷屡生，个中情形，尤为洞悉，对于政界谋生，雅不欲多事叙述。盖宦途险恶，古有明训："明哲保身"。达者之言，读者诸君，苟能清夜退思，以超然之眼光，推敲其个中之况味，则庶可废然思返矣。

至于本埠学界薪金之差别，为吾全国之绝无仅有。盖同在一种生活程度之下，同办理教育事务，最多之薪金，与最少者，竟成十与一之比，殊可谓奇闻矣。依十六年度之小学校论，其薪金之等级，可分为五，路立学校为第一等，其薪金之优厚，非惟见称于本埠，即吾全国小学校中，亦无出其右者。校长为二百八十五元，教员最多者为二百一十四元，虽夫役犹月薪五十余元。由前公立所改称之区立者为第二等，其校长为一百一十元，教员为九十元。由前市立所改称之区立为第三等，校长为九十元，教员为七十元。吉林省所属之模范区立者为第四等，校长为四十五元，教员四十元。滨江县立之小学校为第五等，其校长为四十元，教员三十五元。至其他私立校之薪金，参差不齐者，比比皆是，故滨江县立之校长，不及路立校之一夫役，可奇亦殊可笑也。于是县立者，希望区立，区立者希望路立，求之者奔走钻营，务期达到目的为止；而已得之者，则惟恐失之，必思寻相当之砥柱以抗之，因而患得患失之情，五日京兆之念，遂相沿成风。

最近特区方面，自路校教育权收回以来，经教厅重新规定，路立名称，亦改为区立，不分路立、区立、市立，一律平均，统名曰东省特别区第某学区第某某小学校，计分本埠外站两种。

本埠较外站薪金高二十元，本埠高级校长为一百四十五元，初级校长为一百二十五元；高级级任教员一百二十五元，高级科任一百一十五元；初级级任一百〇五元，初级科任九十五元。

外站则教员七十五元起码，以次八十五元，九十五元，一百〇五元；校长则一百〇五元，与一百二十五元两种。特区学校，薪金虽优，但欠薪之风，几司空见惯，往往积压两三月，今之的款，不过恃一笔路校旧经费而已，即以此款分润特区各校。

至道外方面，自十七年三月一日起，业已增薪。计校长为七十余元，教员为四十以迄五十余元。

年来外埠之人，欲立足于本埠教育界者，肩摩踵接，尤多以特区为目标。盖利之所在，人争趋之，凡欲谋一席于斯界者，不论其为中小学校，初必须呈验文凭及履历，于该管教育当局，以便存记，一面尤须有相当介绍之人，然后或可有分发任用之希望，果无相当接洽之人，虽存记经年，亦无任用之望。读者诸君，有欲立足于本埠教育界者，除依上述手续进行外，其他个中情形，楮墨难尽，惟希神而明之可也。

第四节　工商界

谋生于工商界，可谓绝对之神圣事业。盖一则藉自己之本领及劳力，以赚钱，一则据自己之经验，贸迁有无，将本以图利，非若前述之各界，可以任便滥竽，朝为市侩，夕登仕版，昨为游民，今膺墨绶者可比也。依能力之大小，定收入之多少，虽劳无愧，虽贱犹高，本埠生活程度甚高，故一切工值，亦昂于其他各地，自技工以迄泥木铁匠，罔不收入甚丰；果系安分之人，虽无一艺之长，即恃其劳力，以役于人，亦可免并冻馁之忧矣。

埠内工人，比较收入最多者，当以东路之总工厂为最著。该工厂为东路车辆总修理处，犹之南满路之大连沙河口铁工厂，平辽之唐山车厂焉。规模宏大，人工繁多，总计工匠役夫等数千人，虽最底之薪饷，犹五六十元，等而上之，可以推及矣。且工作时间有限，待遇甚优，与其他路员同，有相当之保障规约，工人家属之房舍，及应用之燃料，均由路局供给，果无有特著之过失，决无被斥退之理。凡欲投身其内者，一有接洽之人，即可从事。

其次各油房、火磨、铁厂及其他各种工厂之工头、工人等，收入亦均不弱。最低限度，每日均在一元以上，虽无接洽之人，然自食其力，如值用人之际，来者概行不拒。

至其他普通之工业界，以成衣行为最上著，尤以制作洋服者为著。盖普通一套西服，即须手工费十七八元，假定该人以二日之期间，制做斯套西服，每日平均，得洋五六元，若日积月累而度之，则一成衣匠之收入，诚堪惊人。制作华服者，其代价亦颇昂贵，例如缎袍一件，需手工费四元许，虽粗布之袍，犹须二元四五角，试思以华服之简单，每人每日至少亦可制衣服一件，平均一成衣匠每月之收入，率在八九十元以上，胜于一机关之科员多多矣。夷考本埠工资，如斯昂贵之原因，其生活程度之高，固为主因，然工商业之发展，一日千里，需人之处亦正多，又为其他原因也。

谋生于商界，与工界不相同者，厥为资本。盖工界虽一身外，了无长物，亦可博得收入，所谓以艺易钱，以力易钱者是也。而商界之最低限度，亦须备相当资本，所谓以少钱易多钱者是也。本埠大小各商号，均颇获利，各商之售卖货物，其利益最低者，亦在二成以上。盖以哈埠纸币，兑现物之价值，升沉无定，商人便得藉口，乘机居奇，货物之售出，利息间有在四成以上者。犹忆二十年前来哈者，彼时以十余元之小本经营，聊以度命，今则动产及不动产，辄数十万者，比比皆是，其间辗转牟利之情形，可以想见矣。此就无学识有资本，以求利之商人主体而言。

若资一己之商业学识，并无资本，以求利者，亦所在多有。其中之著者，即为外商之买办及司账员等是也。本埠外商，数以千计，各挟其雄厚之资本，作经济之侵略，惟多昧于华人之习惯及情形，影响销路，诚非浅鲜，情势所趋，势非任用华员，不足以扩张营业，故厚给其薪金，于是通晓外国语者，或稍具商业学识及经验者，趋之若鹜，惟恐或后。其中以买办人员，尤为获利。盖买办之兜揽货物，由外商许可以相当提成，在外商藉买办以销售货物，在买办则藉外商以赚金钱，相因而生，故外商益发达，买办益获利，动辄万千。因之华员，由买办而起家营产者，实不乏人。

其次即为司账员，亦同斯种情形。就中以汇丰、花旗、懋业等银行，亚细亚、美孚、德士古等煤油公司，英美、老巴夺、秋林等烟草公司，以及各种特产买卖商，大批输入商，均位置多数华员。盖其销售货物、翻译信件、誊录账簿、招待华商等事，果无华员以助之，则久而自僵，故任用华员之薪金，亦颇优厚，普通司账人员等，率在百元以上。读者诸君，果能通晓外国语言，有数年之商业经验，即可投递自荐书，一经考验合格，便可从事焉。

第五节　交通界

谋生于交通界，其优点有三：量材授职一也，薪金优厚二也，任期久长三也，故自好之士，多乐就之。考交通界之范围，不外路电邮航四大端，而本埠于斯四者均备，兹分述之。

东省铁路，延贯数千里，其用人之多，自不待言。薪金向以金卢布为本位，而依市行折合哈埠大洋发放。以交通界全体计之，铁路薪金，可称最优。华副站长均由九十金卢布起码，站务员等亦均在七十以上，虽练习生至少者，亦五十余元。但唯一之条件，必须通晓俄国语言文字，凡华俄人民，年龄已满十六岁，无身体上之缺点或疾病者，均可充当职员或工役。惟行车人员，尚须兼有专门技术等学识。

虽妇女亦可录用为书记员、簿记员、掌理财产员、看护妇、救生妇、电报员、电话员、行车守望妇及其他不常劳身体之职务。凡请愿充差者，应附呈履历，注明国籍、宗教、年龄、何项学校毕业、前充何差，并须呈验相当证明书，果指明请愿充当某项专科练习生，必候回示，以便考试。至所考试之科目，依所欲充之项目而别。凡录用之人员，均由该路医生，考验身体。如注重目力之职务，于检查时，尤为綦严。一经考试合格，便可分发指定之处任职，果能安心服务，决无有被斥退之理，是以患得患失之观念，顿可抛诸九霄云外也。

电政之关于电报方面者，不论有线电报与无线电报，均由专门人才任之。有线电报生之薪金，率在四十以上，按定期增若干。现在职员，均系电报学校之毕业生。无线电报生之薪金，较有线稍优。其现任人员，多系辽宁之无线电专门学校，工程与速成两班毕业之学生。现有线与无线两方面，均人位相称，外人之投递请荐书者，果值无扩张之可能性，决不能添用人员。

关于电话方面者，道外电话局薪金较廉，至特区方面之电话局，初由东铁管辖，其投入之手续及资格等，与上述同。现在经我方接收后，其章则等稍有更改。长途电话局，亦系专门人才任之。至广播无线电话，现不过创办时期，将来日趋发展，方能广揽人才。

电车事务，均由电业公司主办。公司内之职员薪金，尚称平允，惟对于车厂及发电厂等技师之专门人才，则报酬较丰；电车上之司机及售票员等，薪金均在二十以上五十以下，虽兹数目，似较微少，然以高小毕业之生徒充之，亦称不薄矣。

邮务方面，由吉黑邮务管理局主司，其用人及发展，与日俱进。如有考邮务者，即可投递请求书，叙明自何校毕业，曾充何职，一经管理局回函准许，便可应试。其考试之科目，为华文作文、外国文作文及翻译，洋文地理、洋文算术等项。就中外国文，英、俄、日不定，依请求者之指定而试之。至考试华文邮务佐等，则上述之科目，均试华文，邮局按程度之优劣，定为乙等邮务员或邮务佐。凡邮务佐之薪金，以三十五元为起码，均按定期增加。虽任职局内之人员，自觉大材小用者，亦可投禀于邮务长，并准升级考试，决不屈就人才。

关于航业方面者，现均由华人主持。至收回东北航权之经过，业详前章。东北航权，虽已收回，而航业人才，犹多借重俄人。近我方当局，为救济楚材晋用之弊起见，爰于十六年秋，设立东北商船学校于本埠，招收初级中学毕业之生徒，专攻航务，分为轮机、驾驶两班，他日该项学生毕业后，服务航业界，则东北航务前途，定将大放曙光。其他若本埠之大小摩托车之司机人等，薪金率在六七十元以上，间有百数十元者。

总之，任事交通界，确属量材而用，薪金均称不弱，且任期久长，非若宦途等之一朝天子一朝臣者可比也，故任事交通界之人员，咸欣欣然有喜色。不佞亦乐书其端详，以为世告焉。

第六节　医界及新闻界

医士关系人民生命之重要，想尽人皆知者也。所谓上医医国，中医医病，庸医杀人者，诚不移之论也。居今之世，医国者，恐凤毛麟角，千无一二焉；医病者间或有之；惟杀人者，则见惯而习闻矣。乡村之间，愚民无知，因小疴而误于庸医者，诚难指数，都会之地，尚称差强。惟大利所在，人争趋之，是以渐聚而渐多，渐多而渐滥，其读数页脉诀，半部《本草》而悬壶，聊备几瓶恶水，一根药针以应症者，则又比比皆是也。年来本埠道内外行政当局，咸以人命攸关，对于取缔庸医，备极严厉。凡欲业医于本埠者，在特区方面，必须呈明特别市市政局、特警管理处；在道外方面，必须呈明滨江公安局。定期考试，其考试方法，道外方面，即论文一道，果稍通医理，文字明顺者，率可录取；特区方面，则分笔试、口试及实验等项，每月投呈请示考试者，络绎不绝，故本埠之药房、医院、医社等，触目皆是，几乎无街无之。就中以道外一隅为最多，尤以售兴奋剂者，均利市数倍。其概况已详前第五章第五节矣。

考本埠医士若是之多者，其原因不外三端：一因本埠人口，日益增多，疾病之发生，当亦益加多，故外埠医士，来者不绝；二因本埠圜法较佳，以大洋为本位，胜于其他处之毛票毛帖多多矣；三因繁华市集，素为万恶之薮，对于淫病之流行，尤为易易。有此三因，虽医士日多，而所入均不减，且反加增。各医之出诊及售药，其利极大。如一元之资本，竟有售至数十元者，果遭逢幸会，值医治之病，应手而愈，则藉扬传单，登广告之力，而门庭若市，前来求医者，大有人在。一医士之收入，诚堪惊人。业医诸君，苟欲谋生于本埠，即请按上述手续办理可也。

至埠内之通信社，初有外人设立之数处，以日人之东方通信社为最著名。近来华人设立者，亦有一二处。华文报馆，有《国际协报》等九家。《国际协报》于民国八年发刊，《滨江时报》于九年发刊，《晨光报》于十二年发刊，《东三省商报》于十年发刊。以上各报，日出各两大张或三大张。《午报》亦于十年发刊，日出两小张。《大北新报》于十二年发刊，日出一大张。《哈尔滨公报》于十五年发刊，日出两大张。《特别市市报》于十六年六月发刊，日出一大张，系属赠阅，概不收费。《华北新报》于十七年秋发刊，日出一小张。

本埠各报馆，均注重埠内新闻，至国内外消息，则皆系辗转录自他报。于国内外各地，并无特约通讯专员；惟内地各大报馆，本埠则有其特约通讯员。其酬报分为两种，一为不论稿件之多少，按月得酬劳费若干；一为按稿件之数目，而与以相当之酬金。至本埠各华文报馆之编辑，其薪金无定，普通以四十元为起码，多者则在九十元左右。盖新闻记者事业，报酬虽不甚丰，而职责殊大，所谓能指导社会，监督官府者是也。但唯一之指导点，即在论坛一项，局外人一读其论文，约可知其报之宗旨及价值矣。至小说杂著等，原不足以左右报纸之价值，是以论文一栏，关系綦大，报纸销路之多少系焉，编辑之学识品格系焉。故欲充任编辑者，必须备品格高尚，学问渊博，常识丰富，见地超人等要件，方与社会国家导师之名相符；一己之所欲言者，以超人之见地，公诸报端，昭示有众，实人生之大快事也。至于博得一角半角之埠内通信访员，则记录生而已。其叙事不明，观念不清者，诚不乏人，殊不足以称之为新闻记者也。读者诸君，苟有适于上述条件，欲充任新闻编辑者，一有接洽之人，定当如愿以偿。盖指导社会，人人负其任务，爱才若渴，君子尤具同情，想报社主司之人，为本报之前途发展计，决不能靳其遇也。

第七节　对于青年学子之指示

青年士子，见闻有限，甫脱家庭生活，即习学校生活，于社会潮流，人情世态，固膜然无相关也；一出问世，便凿枘不相容纳，非抱厌世思想，即行傲睨一切，其结果则误入歧途，失足遗恨者，诚难指数，言之曷胜浩叹。匪惟有违国家设教之初心，抑亦悖父兄期望之厚意也。盖青年血气方刚，志趣靡定，富于推想力，而弱于判断力，平日宴居之间，一举一动，未尝不以新中国之创造者自居，其幻想每及于无极，大有未来之英雄，未来之伟人，舍我其谁之概。一旦学成致用，每蹈所学非所用，及所学不足用之弊。国家兴学育材，原期款不虚靡，储为国用，孰意背道而驰，期与愿违，此兴学以来之所以未著成效，亦即办学人员之所椎心而长叹者也。尤有言者，青年学子，多系来自田间，对于学校之取舍升转，茫然不知其详，况读书匪易，筹措维艰，岂尽素封之家，实多清贫之士，父兄血汗劳力，供子弟之攻读，纵不望其为圣为贤，或可望其为儒为仕，但求光前裕后，支持一代之门户，亦已足矣。是以求学须觅捷途，读书尤贵裨用。青年男女，其静听诸。

本埠公、私立之中等以上学校，都十余处。计工业、法政等大学，警官高等，滨江医学、东北水路测量、东北商船等专门学校，省立第六、区立第一、第二、第三，许公职业、第一女子及私立三育等中学。东省铁路职业、技术、商务、站务、电报、育才等传习所，各有其特殊历史，特殊情形及特殊优点，并不可目为齐一者也。

凡学生于高级小学校毕业后，即为本身择业问题之一大关键。前途之功名利达系焉，未来之贫苦窘迫系焉。所谓之差以毫厘，谬以千里者，端在斯时。青年志趣无定，前已言之。有倡之者曰：某校佳，某校良，即任便而附之。无一定之主观，无一定之判断，及一旦入校之后，则始悔其初时之孟浪，又思转学而之他，若斯等茫无主见，见异思迁之生徒，其结果当不问可知也。

盖在高小毕业之时，苟因家境赤贫，无力攻读，不妨中途择业，或习商事，或入工界，宜立定不移之目标，一方须承师长之指导，晓以利害轻重，则庶不致误入歧途，遗恨终生矣。

果在高小毕业之后，有志升学者，当立定四项条件，而与父兄及师长讨论之。第一须料自己之家产，能否充量供给至大学毕业，果止能供给至中学毕业，则须择一适应生活捷径之学校而投之。第二须视自己之本性及素蓄之志愿，与何种学校，何科相近，即择其相近者而投之。第三须察社会之情形，对于何项人才，求过于供，一旦学成问世，方裨实用。第四就全部同一种类之学校，比较其内容设备及教师均若何。此就普通之学生，普通之论点而言。

若系女生，尤须注意谋生之径途。盖女子谋生之范围甚狭。关于参政事项，此尚非其时。就局部分析而别之，在本埠谋生之途，只限于教师、医士、少许之商店职员及东铁一部之路员等而已。以上系就大体而言。

兹将本埠各中等以上之学校概况略述之。工业大学，预科三年，本科四年，以俄文为主，俄生亦最多，家境稍裕者，可升入斯校，实为捷径。凡高小毕业较优之生徒，或初级中学修业生，径可考入预科。果能耐至毕业后，虽无他长，只恃一俄文，即终身无忧矣。

女生之捷径，当以滨江医学为其所。盖该校虽名曰专门学校，实则一普通中学而已，其招生所限定之资格，以初中一年以上为合格。

至法政大学，则宜于现服务社会之人，因该校之授课钟点，多在下午以迄夜间，昼间作事之人，夜间攻读，一举两得，甚为得计。该校系预科二年，本科四年。现共有本科一班，预科四班。预科中有两班为日课，两班为夜课。

警官高等学校，为养成警界干员之所，惟警官学校之设，只限于内务部，各省区不得任便设立，本埠以特殊情形，故而设立，大约本届毕业后，或不能续招，兹不备论。

东北商船学校、东北水路测量学校及东铁所设立之传习所等，均为养成实用人才之地，前途无限，青年学子，投入之颇为相宜。

三育中学校，以英文为特长，凡有志藉英文以谋生者，尽可考入之，无待毕业，即初中二三年级之英文程度，考试邮政，即可游刃有余也。

至其余之中学校，均有高初两种，第一中学无师范科，第二中学高级完全为师范科，第三中学仅有高级商科一班，第一女子中学，现有高中两级，一为商科，一为师范。

考高级中学之分科，为文、理、农、工、商、师范、家事等科。就本埠之情形，男生当以文、理、工、商为最宜，女生则以师范、家事及前述之医科等为最宜。此非漫无标准，任便臆度，实不佞就本身数十年来之经验，及各方之考证，而得此结论也。男生非有特殊情形，实不宜于师范科。考师范生之所学，论功课则数十门类，论常识则罗致万象，不为不多矣，实则一无所长，余充任教员外，其不免于冻馁者几稀矣。即充任教员矣，而教育之趋势，日新月异，前日所学者，不适于今日，今日所学者，不适于来日，新陈代谢，至其极；则充任教员十年以上者，外人即以腐败老朽目之，瞻顾前途，诚堪浩叹。难者曰，得天下英才而教育之，的确为国服务，当乐之不暇，何至冻馁乎？曰：为国服务固矣，但本身前途计，则将何以了之。试以师范科，与同一之文科、理科、工科、医科、商科等毕业之生徒，比较其谋生径途之广狭，报酬之多少，年期之久暂，稍具常识者，即可定其结论也。惟女子充之，尚称适宜。一失足成千古恨，再回头已百年身。方寸之间，瞬息万变。不慎之于先，必贻戚于后。此又本节之最后殷殷瞩望于青年学子者也。

105~129

第七章　消遣

7.

消遣

第一节　雅游

滨江为繁华之商埠，非历史之名都。剩物古迹，一无所有。喧嚣芸攘，触目尽是。非若金陵顺天，为帝王之州，名胜遗迹，巍然存在。山光秀岚，鬓影流香。公子王孙，翩翩裘马。骚人词客，多寄情于诗酒。名士狂生，每逞兴于雅游，盖由来已久矣。考雅游本属韵事，有百利而无一害，虽睹潮平水静，亦足养性，即聆燕语莺歌，尽可陶情。不佞于兹茫茫尘海中，仅得其六，述而出之，以助读者诸君之清兴焉。

一　遁园

遁园位于哈埠东南郊，距市内约二十里，为地计五百亩，系现任黑龙江铁路交涉局总办，马忠骏氏之私产也。马忠骏氏，字荩卿，辽宁海城县人，现年六十有一。为人器宇轩昂，风神洒落。一生宦海，屡任要职。乙丑秋，将兼任之东省特别区市政管理局长职辞却，遂专任交涉局总办。由来不事生产，而负债甚巨。宦海飘零，两袖清风，仅剩此园以娱暮年，可敬亦复可赞也。初癸亥甲子间，营别墅于香坊之东五里。其地无城市喧嚣之气，有乡村幽雅之风，举凡果园林木，池塘亭榭，茅篱草舍，咸备焉。锡曰遁园，自号曰遁园居士。既营菟裘，又筑生圹。其生圹适当园之中心，墓门有高五丈之石碑，阳面镌隶书"遁园居士马忠骏之墓"九字，阴面则刻氏著僧服之肖像。墓窟有三，均为圆形。正中者较大，其内之正面，悬名师精绘该氏著僧服之像，高约七尺；南面悬者，为其次夫人之肖像；东西悬者，为其三四夫人之旬，高均四尺。园内之晚稼轩等厅堂，有当代名人法书真迹，及名师所绘之像，布置精雅，使人一入其室，即万虑顿清，红尘浊念，倏已飞诸九霄云外矣。氏每日于公余之暇，必莅遁园，僧袍斜巾，隐冠草履，徜徉其间，怡然自得。每值阳春三月，景色尤为宜人，好鸟啼于枝头，游鱼逐于水滨，息足茅舍，品茗野亭。半榻清风宜午梦，一犁好雨望春耕。高情逸致，达人旷怀，幽静之气，诚有足多，羽化登仙，仿佛似之，以视争权攘利之司空见惯，氏可谓当世之空谷足音者矣。丁卯夏四月，不佞曾一度往游，觉茫茫人海，得此桃源，实不啻清凉快剂也，爰拉杂述其概况，以介绍于读者诸君。

二　极乐寺

哈埠初无较著之庙宇也，即旧有者，亦不过碎瓦颓垣，香火久废之一二焉。癸亥甲子间，山阴朱庆澜将军，掌东省特区军民二政，目击世风浇漓，江河日下，诡谲怪诈，人欲横流，长此以往，后患将伊于胡底，因思维系人心，使趋向善起见，并本神道设教之义，遂登高一呼，鸠工建筑僧寺。当时公私团体，富绅巨贾，以及善男信女，咸乐输将。期年而工竣，名曰极乐寺。金碧辉煌，光彩映日，并倩现已故之南通张謇，书其门额。

该寺位于秦家岗大直街之东端路北，适当高岗壁仞之上；东邻滨江公墓，再东则为俄人墓地；北有马路，下岗直达四家子十七道街之荟芳里；地势高敞，绝少尘嚣之气，计面积五十亩。有殿三层，中者为正殿，建于石砌高台之上，须拾级而登，共五楹，前悬大雄宝殿四字之匾额一方，中塑佛像，金光夺目；左右为侧殿，东为方丈室及禅堂，西为书斋及接待室，南则为附设佛学校之讲堂及宿舍等，有生徒十余人。该寺现共有僧人二十余名，每日诵经二次，于正殿佛前，一在上午四时，一在下午五时。

吾人果携二三知己，一莅其地，仰望长空万里，静无点尘，俯视繁华人海，如在釜底，似忘却此身仍在人间矣。虽未能皈依正道，归善佛门，而闭目静坐，聆老僧诵经，觉风尘飘零，原等昙花，则万虑涤清，神思悠然，将妻妾狗马，宫室器具之好，实不知抛却何所也。每值孟夏上浣之八日，为浴佛佳节，香火极盛，道内外两商会，必筹资演戏，以邀神庥。届期万人空巷，裙屐杂遝。一般博蝇头利尤，先期者赶到，售卖物品，及香烛等，益以一年一度，转瞬即逝，以是趋者争先，惟恐或后。北里名姝，勾栏姊妹，辄薰沐靓妆，翩翩莅止；间有昵所欢者，命驾同往，至则礼佛佞佛，以祈默佑，虔诚跪祷，嘤口喃喃。又有自按芳龄，故使神知，倩为月下老者，殆皆祝早得如意郎君，拯登彼岸。闺阁淑媛，婀娜娇娃，亦尽驱香车而来，至此招摇。轻薄少年，又多追随其后，鄙词俚语，使之闻之，故为哈埠每年唯一之盛会焉。

三　道里公园

道里公园位于新城大街北端，为本埠第一之公共消夏场所。今新筑成之电车轨道通过之。开辟于俄人秉政时代，后归特区董事会管辖，今则辖于特别市市政局。东西约三百步，南北二百五十步，正门西向。园内树木深密，甬道纵横，花卉浅草，多植成各种形势，极尽人工之妙，布置精雅，空气新鲜。每当夏节迄深秋，为开放时期，游人如鲫，肩摩毂击，尤以俄人为最多，三三五五，携手徘徊，嬉笑之声，不绝于耳。各甬路之两侧，有备游人休息之长凳，后有身靠，均系埠内各商之广告。园之东北隅，有熊鹿狐兔及鹰鸠燕雀之属，以备游人观览；东有运动场二，北为俄侨学校学生之运动场所，南为中国学生之运动场所；二场之间，有电影园一；其西北则有剧园一，以前本系演唱俄戏之所，十六年春，有华人某，筹设大新舞台于该处，营业终未见发达，秋末，遂移出焉；其西南为一咖啡馆，出售咖啡茶及各种汽水冰糕等；又西有音乐台一座，每晚有俄人音乐队，奏吹各种曲调，颇为悦耳；又西南为喷水池，蓄金鱼多尾，游泳其中。十六年夏，特别市当局，新添二种设备，一为建筑角台三，其一较大者位于南部，其二较小者则位于北部，用纯粹之中国式建筑，镌刻油画粉绘等术，于绿柳荫里，点缀数亭，亦殊可观也，然此尚无甚足录。其他为有裨游人身心道德者，既添设各种之格言标椿于甬路之左右，每间数武，各树其一，上书楷字格言，此项设备，不悉何人提议，诚有心人也。盖无形中有甚大之效果，有甚大之影响，实可谓别开生面者也。

四　道外公园

道外公园位于正阳大街之东尽处，建于民国六年，与道里公园相较，则弗逮远甚。考都市之建筑公园，至少限度，亦须适合二条件，其一必须设立于人烟稠密之适中地点，以便调剂氧气与二氧化碳，使空气永保持其清洁状况；其二必须择清洁高敞之地，使游人一入其门，花香鸟语，在在使其胸襟开朗。而道外公园则与此二条件，完全成反对之对当。论地址在本埠之极东端，附近人烟稀少，商市凋残，游者必须专程前往；论其园内之空气，则东邻圈河，为倾倒粪水及埋葬枯骨之所，粪气与香气并作，死人与活人比邻，是以稍讲求卫生之士，多裹足不前焉。然以地近花国，当公园开放期间，每值金乌西坠、玉兔将升之际，北里姊妹，相率前往，因之浮浪少年，市侩措大，多因啬吝成性，不得睹美人之芳容，或看花有心，选色无力者，遂安步当车，径投其地，如遇名姝翩翩其间，故作忽前忽后之状，以邀美人青睐，而奔驰疲倦，秋波终未一及，则退而呼负负者，比比皆是，故自好之士及闺阁名媛，游者厥少。

全园面积可二方里，园门西向。内有饮料馆一所，位于园之中心，东有喷水池一，东南有汲水楼及花窖，正北则为公园俱乐部，夏日间，有长于魔术者，演艺其中。园内树木之栽植，花卉之修剪，尚称得法。司理其事者，由滨江县地方绅士，公举董事数人，每年有值年董事一人，主司一切工程及建筑等事宜，此其概况也。

五　松花江泛舟

江上泛舟，为韵事中之韵事。骚人名士，尤多好之。东坡所谓天地之间，物各有主，惟江上之清风，与山间之明月，取之不尽，用之不竭，是造物者之无尽藏也，盖深得山水之乐趣者焉。惜兹繁华滨江，有一泻千里之长川，无冈峦起伏之山岭，诚为憾事。松花江由本埠西南曲屈而来，邻正阳河、道里、八站、傅家甸、四家子等区，岸线在埠内者，达十有五里，就中以傅家甸江干，尤为繁盛，四家子、道里等岸次之。每年通航期间，轮只密集，帆樯如林，小舟荡漾，逐波上下，诚大观也。当斜阳返照，渔舟唱晚之际，果携妻孥或二三知己，买舟放棹，把酒临风，仰望太空，俯瞰流水，清风明月，入我怀来，幽情逸致，不觉胸襟为之一阔。计其舟值，则极低廉，由道外江干迄道里约三里，仅需费五分；由道外横渡大江，抵对岸之松北镇，约八里，仅为一角，而舟子犹急先趋请，惟恐或后。怡情养性，有益心身良多，盖非达人不悉其趣，非名士不晓其乐也。

六　太阳岛纳凉

太阳岛位于松花江铁桥之西侧，隔江与道里相望，面积约四方里。其上有饮料馆数十家，并无可足录之风景，惟以位于江心，独得清凉之气，故夏季炎热之时，遂成为游人避暑之地矣。岛上各饮料馆，均附搭甚广之凉棚，其所售之汽水及食品等，皆较埠内昂贵，俄侨荡妇，多务是业。岛上灌木丛密，每为游人藏身之所，荡检逾闲之事，时有所闻，故特区水上警察，以风化攸关，取缔颇为严厉，但地势起伏不平，在在可以隐蔽，因之警察检验不到之处，遂多效桑间濮上之行，诚可欢也。夏季酷热，俄侨男女，争往沐浴，皆精于泅泳之术，间有在水中停二三分钟者，其习浴之男女，多扬水为戏，习为快事，自远望之，千百之头，隐隐浮沉上下，犹鸭鹅等水禽之捕食者焉，每浴数十分钟，即登岸，仰卧沙洲之上，以应阳光，虽着尺许之浴衣，而怀中双峰，依然隐隐隆起，桃源胜境，又时觉春色撩人也，华人望见者，多垂头掩面而过，惟彼卧者，仍坦然如故，并作犬吠驴鸣之歌，毫不介意，怡然自得，此之所谓非我族类，其习各异之谓也。吾人以适当江心宜于避暑之雅游地，竟为彼辈之欢乐所，惜哉惜哉。

第二节　冶游

不佞于撰述本节之先，有必须向读者诸君声明者，即请垂鉴焉。夫柳巷花街，本为万恶之薮；风月情场，尤属销金之窟。爱河奇幻，欲海迷离。古今来多少英雄豪杰，志士达人，毙命于欲关，失足坠孽海者，奚止恒河沙数。晚今世风日漓，道德愈丧，流连花国，不知悔醒，反多自饰其非，谓为逢场作戏，出入平康，习为当然，且以时髦相尚，谬称社会应酬，视宣淫同儿戏，目轻薄为风流，一旦身染恶症，何颜以对友朋，而况人尽其夫，终属难言伉俪。方意三生有幸，才子已得佳人，岂知一朝亏行，平康即是地狱。欲心方炽，焉能再顾廉耻？恶因既中，何暇更惜身命。呜呼！人心之趋向若是，瞻望前途，曷胜浩叹。古谓英雄好色，才子风流；今则好色而不英雄，风流而不才子矣。须悟红粉即是骷髅，佳人原来祸水。宜明佛家所谓色即是空，空即是色之义。美人黄土，名士青山。浮沉人海，原等昙花。驰骋欲乡，无异春梦。果能散步园林，花香鸟语，清境即是洞天；何必流连花国？纸醉金迷，欢场却为孽海。所谓之更鼓初敲，云情雨意千般好；晨鸡三唱，人离财散一场空。走马章台者，即请三昧斯言。不佞原不欲以清白之笔，述此龌龊之事，第因缉兹红尘琐录，又非是不足以彰其繁华者。嗟夫，欲海无边，难登彼岸；悬崖勒马，即为英豪。此又不佞之厚望于读者诸君者也。

一　荟芳里

北里汗漫，青楼栉比。夷考其历史，则始于鼎革初还。彼时道外升平街及北头二三道街一带，尽属娼家，楼台灯火，颇盛一时。迨后丁巳戊午间，官方将四家子地带出放，当时由商民等组设阜成房产公司，承揽建筑平康及工竣，各妓馆先后迁徙租赁，旋名曰荟芳里，今沿称之。

本埠教坊，约分四等。因图减纳花捐起见，并无头等者；其二三等，皆麇集于荟芳里；而四五等则散漫于道外各处。北里艳闾，今共得三十四家，别为南班、北班之称，南班均属二等。就大体计之，南朝金粉，实胜北地胭脂，殆山川灵气，或有所独钟耶。南妓馆之名，多以班称。北班之二等，则多称为下处，至三等均称为堂。现就二等而言，北班有德凤、桂英、小琴、玉兰、四钰、小凤等下处，群仙、荣陞、金声书馆等九家。南班之二等，有长霖、双庆、荟芳、荣华、双福、侍仙、四喜、三福、钰华、连香等班，及文第书馆、宝仙下处等十二家。三等则有聚乐、双乐、金福、金乐、华滨、玉福、天宝、九顺、桂宝、连陞、双云、宝顺、全福等十三家。以上二三等，合计三十四家，共得妓五百余人。若以妓女最多，房舍最整者，应首推德凤下处。以人物最美，营业最佳者，应推荣华、长霖两班。以个人论，房间之精美雅洁，客人之络绎垂顾者，则荣华之宝珍，德凤之巧玉尚焉。以前南北班别，各树艳帜，划若鸿沟，不相混淆；今则南班间有罗致北花，北班亦有罗致南花者，南粉北黛，兼收并蓄；而下处书馆等名称，遂亦不拘南北矣。

卖笑艳姝，人尽可夫，无论生张熟魏，果青蚨充斥，即足自豪于北里，此即妓院中所谓只要大洋到手，不管其老与丑者是也。走马章台诸君，可以味其真谛矣。凡客人一入其门，众龟齐鸣，其声不一，有云请到楼上，有云请到后院。坐甫定，一龟满面赔笑而问曰：有熟者否？如曰：有，则语以芳名，即唤彼姝降临；如曰：无，则即高擎其帘而呼曰：见客。群龟和之，鸣声不绝，于是来往熙攘，众花毕集。若系南班，则诸艳姝凝立于室内，约片时，犹之静待摄影者焉，转瞬即翩翩飞去。然后一龟再启问曰：诸位老爷，看中那个？曰：无，则即可径去。曰：有，则可指名而索，彼姝即前来招待。若系北班，则茶壶旁立，逐报芳名，客人瞪其双目，凝神注视，以便选择，是曰挑看。客如中意，即可按名而召，苟众花中无一当意者，径可飘然而去，固不须费悭囊一文也。乃有啬吝性成措大生相，看花有心，选色无力者，集侪辈三五，逐家挑看，实则看而不挑，盖其囊中确无半文也。相习既久，真相毕露，北里姊妹，遂锡以专称，号曰窑痞。久则众龟皆识，但符来者不拒之义，又不能不予一见，因有特异之声，以示众妓。如曰：见客，则其声与普通迥异，必延长甚久；或有特殊声音，众妓习闻，皆逆知客之非良，于是附近房间之妓，或生相丑陋者，前来三四，掉头即去，茶壶即言，都来了。逐客之令既颁，而诸窑痞不独未饱眼福，且失意而去。嗟乎，世间惯作伪者，其真相久而自露，可欺之于一时，不可行之于久远。然则不佞于诸窑痞，又何必多责焉。

客人挑中某花，彼姝即泡茶布瓜子及纸烟等；如有友朋数人同往，则主人除示己姓外，并逐一介绍他人与妓，均曰某某老爷，而妓则照例云，多照应点，旋陪坐于侧，是曰打茶围，此间通称曰开盘。无论何种客人，一入窑门，龟鸨与妓，均称老爷，虽短衣百结，或黄口孺子，乳臭未干，亦无敢少之者，如曰少爷，客必忿然而怒矣。诸客坐约一时许，即可告辞，例犒一金，是为盘资，苟犒以倍数，则必以为豪举焉。此一元之代价，妓女得四角五分，本班得四角五分，众龟合得一角，至瓜子、烟卷等项，则仍出自妓之本身，故一盘之资，妓之所得，实不足三角。

客人于临去之时，彼姝必秋波直注，脉脉含情，受此殊遇，冤头因之更冤，请君入瓮，不稍自觉，且送至门外，照例言曰，明天请来。次日，如该客眷恋故人，则必造访，是曰回盘，回盘之后，方为该妓正式之客。果开过一盘，即绝迹不往，此中通以为耻，苟神女生涯，日见衰落，门可罗雀，终宵无人垂顾，尤为奇耻；果客人络绎不绝者，则交称之曰红姑娘，龟鸨及同班姊妹，皆重视之。如客人中妓之意，则必进留髡之请。通例春宵一度，南班为七元，北班之二等亦为七元，三等则为二元五角。但其实客人于登榻之前，必令备餐，以示阔绰，约二三元不等，是曰局饭，此外尚须赏侍俾或娘姨或元绪三二金。总计春风一度，所费达十金外，不为微矣。

但豪华王孙，承先人积蓄之造孽钱，缠头浪掷，往往倍给其资，了无吝色，该客之本身，以为阔绰，而在彼姝，则有别号称之，名曰大头客。酒阑人静，玉被生香，温柔乡里，真个销魂，此中艳趣，或有知者。但尤有言者，吾人徒知其人尽可夫，然果非青蚨充斥，或具潘安之貌，或具嫪毒之能，欲得此乐，正未易言。至局资之分配，依南班论，妓女得其三元一角五分，居停得其三元一角五分，众龟合得七角；北班之二等，则妓得三元，本班得三元，众龟合得一元。是以春风一度，彼姝虽身当其冲，曲尽绸缪，考其收入，往往尚不及娘姨之丰，诚属憾事。俗所谓之费力不赚钱，赚钱不费力二言，或亦此之谓耶。苟春宵一宿，旋即劳燕东西，不复重游，此中以为莫大耻辱，身不由己者，且遭龟鸨呵责或鞭朴，谓为绸缪不周，此实堪痛恨者也。

友朋三五，打茶围于某班，如令龟奴召他班之妓前来，则曰过班，通例所费一元。至召妓侑觞，名为叫条子，妓之自称，则曰出条子，地点多在北里附近之新世界、越香春、松北饭店等家，例费为四元。各班艳姝，应召侑觞，能歌者例歌一二曲，以佐客欢，昆弋大鼓、皮黄秦腔、时调杂曲，一任客便。为之司管弦者，通常双乐齐奏，则必须赏二金，姬与琴师，平分得之。但雏妓学歌，在练习期间，则多全数给其琴师，此又特例也。

　　端阳、中秋、除夕，谓之三大节，豪华之客，尤尚场面，例须火速筹款，驰往颁赏。其数目无定，于豪华之中，亦有豪客之别，但通常至少亦须在二十金以外，龟奴与娘姨，按人数之多寡而分润之。至客人与姬素日狎昵弥笃者，于颁赏之日，尤须将姬本身平日之浮债，一并清之，以示阔绰而表爱恋，故各姬于将届节日之前，对于其各个客人，每百计千方以纠缠之，缱绻不已。盖醉翁之意固不在酒，在乎大洋到不到之间也。但吝啬之客人，则于各节之前多日，即避而不见，节后越若干日，始敢显露头面，依然前往。是种客人，每易启姬之轻侮心，多以若有若无视之，故走马章台者，于金钱、皮相、能力三要件，缺一不可也。其金钱一项，尤为切要。噫嘻，金钱之魔力，诚无微不至矣，又岂独狎姬也哉？

　　雏姬梳栊，普通过及笄之年，七十鸟多以奇货目之，要挟百端，如衣服饰品，冠履食具，陈设犒赏等，靡不因人而施，通常至少亦须二百金以上。然果否处子，则临阵自知。实则梳栊可数次，犹冒称清倌者，比比皆是，但桃源已到，物已脱手，徒呼负负者，又大有人在也。

　　清制，伶人例低于妓，猝然相遇，必请安称姑姑。鼎革以还，万民平等，伶人以优隶贱质，一跃而为艺员，放纵无忌，日事冶游，妓亦不自高其身，遂亦目伶为客矣。尤有甚者，妓之无耻者，且以狎伶为荣，以是剧园楼箱，时有粉白黛绿之莺莺燕燕，杂坐成群，目光直射，如北里之阿凤、黛玉等，其最著者也。其阳台设于何所，局外人实无从捉摸焉。

　　荟芳里中诸南班，几皆冠以姑苏字样。不佞初每疑其班主，或系姑苏人氏，抑或诸姬尽为姑苏丽姝，何以苏州女郎，业娼者若是其多耶。及一旦追溯其因，率多无辞可对。夷考苏州一隅，由来繁华富庶，甲于海内，六朝粉黛，半系苏产，水秀山明，不乏佳丽，是故营皮肉生涯业者，举凡江南等籍，皆妄报姑苏，殆犹之某地文风甚盛，某地豪杰辈出，其附近人氏，多妄报籍贯，以自高种别者耶。然则以营娼之美人，代表姑苏特产，想苏州河山，何其不幸之甚耶。

妓女通常分自由身与押账两种。自由身者，百中始得其一二焉；押账者，则大部分尽是也。所谓自由者，即不欠本班钱款，自由营业，不受任何束缚者也；押账者，即欠本班之钱款，按月纳利息于本班，受班主之支配，遵班主之命令，起居行止，均有元绪尾之，恐其兔脱，是故升平乐国，实有形之人间地狱也。本埠荟芳里中诸姬，普通之押账，均在一千以上，间有超过二千者，每月按四五分纳利息，平均每月须七八十元，通常所谓营业较佳者，月入不过百数十元，大部分营业入款，几皆为班主扣作利息矣。求以一身所得，清还押账，实为不可能之事，往往终身不能超拔孽海，成为常住人间地狱之无期徒刑犯矣。所谓之自古红颜多薄命，来生弗做女儿身二语，实北里姊妹之所最表同情者也。嗟嗟，岂意欢娱孽海，沉溺几多红颜。不乏如意郎君，胡为堕兹青楼，噫嘻，盖难言矣。

姬之待客疏淡冷薄者，则皆以冰桶目之，好事者多思报一元大洋之值，遂千方百计以窘之，或将茶水窃倾于被褥之内而去，或用锋利无比之小刀，趁妓赴他房间招待他客之时，则纵横划之，然后折垒如故；或窃置正在燃烧之纸烟于衣橱，或被褥之内；或将鸡卵三五击碎，窃倾于被褥之内，盖鸡卵之蛋黄蛋白，终不易洗涤净尽故也。其法不一。但自爱者，多不出此。至姬之待客较亲近者，则又多以狗矢目之。总之，沦落苦海者，皆有不得已之苦衷在，若谓为天生淫荡性成，失志娼门者，恐百无一二焉。不佞考荟芳里中之艳姝，出自名门世家者有之，毕业于女子学校者有之，为人正室者有之，为人婢女者又有之；或系幼丧严慈，家道中落；或系贪图小利，误坠青楼，言之曷胜惋惜。平康之中，虽为陷人之窟，但妓女本身，又为人所倾陷。通常计之，妓女夭亡不得善终者，奚止十百，黄土陇中，佳人薄命。不佞书至此，实有无限之凄怆，不能已于言者，是以超拔苦海，使登彼岸之责，愿与惜花诸君共负之。

二　土娼

本埠土娼，计九处，皆麇集于道外一隅，所谓之四五等者是也。总计妓女千二百余人，计裤裆街、元宝巷一百三十余人，永安里七十余人，纯化街四十余人，同发里四十余人，艳春里四十余人，福安里一百二十余人，江沿零星共一百余人，八杂市五百余人，南市场七十余人。荟芳里外，虽自邻以下，为高人君子所不屑道，但土娼中，亦大有可人者，间亦绰约娟好，不减上林群花。所惜者，取资低廉，流品遂杂，舆夫走卒，劳工苦力，多以为销魂之窟，纵西子、王嫱，杂列其中，亦不免久而为媒母，是以方寸之区，遂有不堪设想者矣。此间土妓，均属北人，惟同发里一处，则为南妓。大体计之，同发里、永安里、裤裆街等处，尚称不恶，绰约多姿，眉清目秀者，诚不乏其人；最劣者厥为八杂市，间有年已四五十许，犹倚门卖笑，惟不悉有否渔郎，前去问津中，殆亦生计之逼人，或不得已而出此耶。

土娼之等，各自不同，就中尚分为五等，收捐者依其姿色而别。一等者月纳捐五元，以次第五等月纳捐一元，是故土娼中之纳一等捐者，与荟芳里中之二等同。盖荟芳里中之二等，浑倌者月纳捐五元，至清倌者则仅三元焉。土娼之中，唯一之入项，即为实利主义，绝无开盘等名词。其冶例通常有三种，其一为春风一度，只需片刻，名曰关门，需大洋七八角；其二为以时间限定者，通常约一时许，名曰拉铺，其名称极鄙，不知作何解释，需洋一元五角；其三为夜度，需费四元，由当晚十时起，迄翌日正午止，于此期内，善战者任便攻伐，绝无深沟高垒之防。至客人如势欲开盘者，则亦应允，但其费同于拉铺，是故同一资值，聊饱眼福，终不如一亲芳泽，大张挞伐之为得也，土妓色相之稍可人者，平均日入率在二十金以上，其桃源胜境，恐渊明复生，亦无以记其详也。

至其来源约分二种，一为转徙贸迁，以人作货，或出自孩稚，飘茵落溷，不复知其本生之父母，起居行止，均惟领家之命是从。此类妓女，多在十五岁以上，一为当妙龄之年，张艳帜于上林，一旦时过境迁，色衰齿长，问津无人，门可罗雀，又益以种种限制，不得已下降风尘。纵不能见重于高人名士，然仆役贱卒，犹尚目为神女，以一亲芳泽为快，故土妓之方寸，与上林诸花相较，几为天上人间。盖北里艳姝，不过间日始作巫山一游，而土妓则日当多人之冲，稍具姿色者，终无暇晷，非惟不快其趣，且以为厌，是又苦海中之最为沦沉者也。

第三节　戏剧

本节前半，系十六年十一月稿，今则时过境迁，已属明日黄花，但读者诸君，以为滨江菊史之一部观，亦未始不可也。

本埠歌舞之盛，非独称雄北满，抑亦独冠关东。盖关外各地，圜法不一，完全以大洋为本位者，仅得此哈尔滨一地耳，故伶人之包银等费用，亦优于关外其他各地，声价稍高之伶人，亦得应聘而来，于是本埠菊界，遂日臻发达焉。现有梨园，皆设于道外一隅，故道外有本埠销金窟之称，每晚歌管楼台，万家灯火，诚不知人世尚有饥馑事，所谓升平气象，信不诬也。剧园共有大舞台、新舞台、华乐舞台、第一舞台（现已遭回禄）、中舞台、安乐茶园六家；洛子园有庆丰、同乐二家。

因伶人之声望，及艺能优劣之不同，而各园之价值亦异。大舞台昼间最高值为六角，夜间九角（以下同均指十六年十一月言）。新舞台昼间四角，夜一元。华乐舞台昼间三角，夜五角。第一舞台，昼夜均三角。中舞台及安乐茶园，则均昼二角，夜三角。庆丰茶园昼五角，夜七角。同乐茶园昼五角，夜八角。

因其价值之不同，故各园之收入亦迥异。据十六年十一月之调查，大舞台每日收入约五百余元，新舞台约四百六七十元，华乐、第一两舞台均甫足二百元，中舞台及安乐茶园均百余元，庆丰茶园约三百余元，同乐茶园二百六七十元。考新舞台最高价为一元，大舞台为九角。若以新舞台之角色，与大舞台相衡，则弗逮，惟新舞台以地势优于大舞台，故收入亦颇不弱。

十五年以前，各梨园均时遭军警之搅扰，自丁镇守使到任之后，以为梨园本属公共娱乐场所，与市面之发展，人文之进化，均有息息相关之势，若长此军警与观客混淆，实与治安有碍，因定每星期四及星期日两日之昼间，为军警观剧之日。盖本埠军队之每周休息日，并非尽在星期日，尚有星期四休息者，故每园平均一周有一昼间为军警观剧之日，不准出售客票，以清界限而保公安，谓之曰军警义务戏。至其他日，则概不许军警涉足，如欲观者，须着便服，遵章购票。是例既施行，军民两方，均称便利。各梨园除每周有一昼间，专行招待军警外，其他各日则与营业，并无丝毫损失也。

兹依戏剧之分类，将本埠现有（指著时）之伶人，举其著名者，汇录而类别之，以为有周郎癖者之参考。按戏剧总分为生旦净丑四大类，生又别为文武两种，文生又别为老生小生两种；旦别为老旦、青衣、花旦、刀马旦、贴旦、丑旦、宫女旦七种；净则别为粉脸、铜锤、黑头、架子二花、武二花五种；丑则别为文、武两种。

老生当以大舞台之杨瑞亭、马德成、马武成、赵松樵，新舞台之王少鲁、张韵宸、小宝义，华乐之刘永奎，第一舞台之马秀峰等为著名。红生以大舞台之程永龙为独步，小生则无甚著名者，若华乐之马笑云，第一台之王海楼，尚有可称处。武生以大舞台之七岁红、赵松樵，新舞台之曹宝义、小宝义、田鸿儒，华乐之鲍世英、程富云等为著名。

老旦前以竹翠茹为最擅长，现已不在埠内。青衣以新舞台之新黛玉，第一台之小小香水为最著名。花旦以大舞台之花美兰、雪艳琴、花美容，第一台之胡绛秋、白莲藕，华乐之金紫玉等为最著名。惟以上各花旦，往往兼习青衣，刀马旦以新舞台之花翠兰、喜彩春，第一台之李紫龄，大舞台之于紫仙等为著名。至贴旦戏则多为花旦兼饰，丑旦、宫女旦，则几人皆能饰，并无专长者。

净角则著名者厥少，就中大舞台刘银玉之粉脸，新舞台蒋宝印之武花，尚称此中翘楚。文丑以大舞台之余德禄，华乐之鲁鑫泉，颇有可称道处。

诸伶人可中，其包银最多者，为大舞台之杨瑞亭及新舞台之花翠兰。杨伶宗京派，能戏甚多，若《空城计》《珠帘寨》《李陵碑》《逍遥津》《黄鹤楼》《战长沙》等，皆为拿手，其嗓音雄劲刚健，气力弥满，行腔佳妙，余音绕梁，每袍笏登场，饱受此间人士欢迎，值各梨园合演义务戏时，于万目睽睽中，尤为出色，平时该伶睹观客不甚踊跃，则每敷衍了之，此为其小疵。

花伶翠兰以武旦驰名，其拿手戏，若《烟火棍》《对松关》《百草山》《刺蟒》《八宝公主》等，均颇叫座，自该伶抵哈后，新舞台逐日观客拥挤，其魔力有如是者。

刘永奎年龄稍长，但气力仍足，尚颇卖力。马德成沉于酒，张韵宸溺于色，均无大进境。小宝义、鲍世英，均为童伶中之铿铿者。胡绛秋、花美兰、雪艳琴、白莲藕等，均为后起之秀，来日方长，前途正未可量。金紫玉于五年前，以色艺双绝，誉满辽沈，几妇孺皆知，今则嗓音喑哑，往往不能成声，殊为可惜，但姿容娇丽，仍不减当年。程永龙之关公，扮相英勇，气度雍容，对于勾抹脸谱，尤为擅长，本埠实无出其右者。七岁红矮小精悍，以短打闻。曹宝义凝练结实，以长靠著。

至本埠各洛子园，每日观客拥塞，收入均颇不弱，除大新两舞台收入较多外，其次则推各洛子园。盖本埠商人最多，尤以滦州、乐亭等地为著，诸地为洛子产生处，此为其发达原因之一；又戏剧多古代历史，普通人不甚明了其事实，对于戏中字句，更属茫然，故不感若何兴趣，而洛子则不然，唱句甚少，作白居多，且事实简略，妇人孺子，皆可领会，此其发达之第二原因。若庆丰之金灵芝，同乐之小桂花，均为此中健将。金伶冰雪聪明，色艺双绝。不佞历观其拿手《莲花庵》《夸北京》《败子回头》等，极尽嬉笑怒骂之致，观其色婀娜娇艳；聆其曲也，高调若铁哨银笙，清脆悦耳，低调若玉萧寒瑟，荡漾悠魂。惜洛子每不见重于高人君子，徒为庸夫愚妇所称道，犹之明珠暗投，可慨也夫。

　　年来本埠菊界，可谓大不幸矣。第一舞台、同乐茶园，先后罹于火灾，伶人损失颇巨。现在同乐全班角色，移至华乐园址，仍演洛子。是故目下本埠之梨园，演戏者尚有大舞台、新舞台、中舞台、安乐茶园四家。演洛子者，有华乐、庆丰两家。

　　大舞台与新舞台之最高价目，昼间棹楼座均为八角，夜间均为一元二角。新舞台最近排演《封神榜》一剧，机关彩切，布景新奇，颇能轰动一时，其戏价骤提至一元四角，而观者犹争先占位，惟恐或后，仅一夜间，收戏价竟至千数百元，实开本埠菊界收入之新纪元。中舞台、安乐茶园二家，角色多属下乘，故其最高价仅三角。华乐之洛子价目颇高，通常昼间六角，夜间一元，犹日夜满座，园无隙地。本埠商民，对于洛子兴趣颇浓，是故洛子园之收入，由来均颇不弱。

　　至本埠之伶人，就目下言，其号称铮铮者，若大舞台之杨瑞亭、赵松樵、花美兰、杜文林、郑玉华、苏兰舫、王亚伦、程永龙、花美蓉、碧艳芳、高松林、刘五立、刘四立等。新舞台之高百岁、小翠花、小宝义、贾润仙、新黛玉、喜彩春、曹善庭（即曹宝义）、蒋宝印、高月秋等。洛子以华乐之李金顺，庆丰之金刚钻为此中翘楚。

　　除杨瑞亭、赵松樵、花美兰、程永龙、花美蓉、小宝义、新黛玉、喜彩春、曹宝义、蒋宝印、高月秋等，已于前分述，及王少鲁已登鬼录，雪艳琴已适情郎外，兹再将其余之诸伶人，约略言之。高百岁包银最多，与杨瑞亭较，可称倍之，工老生。新舞台自王少鲁故后，营业曾一度不振，该园因由申聘来高伶，以作中流砥柱。《封神榜》一剧，即系该伶导演者，颇为一般人士所赞许。小翠花，工花旦，亦颇具叫座能力。贾润仙，工老生，关外各地，该伶奔驰殆遍，艺能尚称不恶，所至颇有声誉。杜文林、郑玉华、王亚伦，均工老生。苏兰舫、碧艳芳，均系青衣花旦。刘五立、刘四立、高松林等，皆专工武生。至李金顺之洛子，一时无两，较前庆丰之金灵芝，同乐之小桂花，均远过之，斯土人士，咸加赞赏，近更能顺应潮流，符合环境，觉洛子中之《夸北京》《花为媒》《败子回头》《青楼遗恨》等，稍嫌陈腐，乃排演新剧《爱国娇》等，其宗旨为打倒帝国主义，取消不平等条约等意义，颇能迎合民众心理，堪称洛子中之别开生面者也。

第四节　影戏

戏剧与影戏同属于社会教育范围之内，其转移社会，改造风俗之力，于无形中有莫大之影响。除戏剧已于上节分述外，兹将本埠影戏事业略陈之。

考影戏输入中国，可分为三期。第一期为香港，第二期为上海，第三期方及其他各地。输入上海在二十五年前，西班牙人某氏，携影戏机一架，开始营业于四马路四海升平茶楼，彼时我国人士，咸以为奇怪，争相往观，皆莫测其所以然。厥后他人始渐次开设影戏院，以及内地各埠，亦逐行设立，但所演映者，皆系外国影片，华人渐不感其趣，于是国产影片，又应运而生焉。

年来国产影片，风靡一时，几驾舶来品而上之。今申江之国产影片公司，达三十余家，若明星、国光、神洲、长城、三星、大亚、友联、新人、大中华、百合、天一、华剧等，皆其著者也。哈埠交通便利，举凡人世间，日常用品器具，罔不罗致靡遗，于消遣方面，更属应有尽有。现有之影院，本埠特区境内，共计十二家，其营业者，多系俄人，但其映演之影片，率多外国制品，凡取材串插等项，亦系外国事物，故观者几尽为外人，华人则寥若辰星；其映演国产片者，仅新城大街之特别市电影院，及俄人之各立节日二家，但各立节日，仍以外国片为主。

至道外之电影院，则专映国产影片。道外于民国十四年以前，仅有光明电影社一家；十五年春，商人某，出资租赁房舍于傅家甸升平二道街，开始营业，名曰神洲大戏院，专演国产影片，以其地点适中，故观者争先恐后，营业日见发达。旋有人以为可牟重利，因创设国光电影院，于北十四道街，仅支持数月即停业，冬十二月，神洲改组为新明，越年，又改组为滨江第一影院，旋又改为滨江大戏院。光明社之价值，与大戏院相仿佛，楼座均八角，池座均六角，学生则均四角。斯二影戏院，均颇获利，尤以滨江大戏院为最，其原因有二，一因地点适中，二因映演投机影片，每日观者拥挤，惟恐或后。

吾人对于本埠映演之所谓国产影片，不能不稍为批评，非敢颠倒是非，信口雌黄，实就年来之少许经验为根据，因进一言于司民风者。

考电影之类别，可得历史、社会、冒险、义侠、神怪、风景、时事、趣剧、古剧、言情等种。就不佞所观过者，若《立地成佛》《松柏缘》《秋扇怨》《疑云》《人心》《上海一妇人》《醉乡遗恨》《多情的女伶》《小厂主》《新人的家庭》《冯大少爷》《将军之女》《花好月圆》《工人之妻》《海角诗人》《万里寻夫》《探亲家》《白云塔》《情场夺艳》《夫妻之秘密》《风流少奶奶》等影片。依上述之分类，固然可别为若干类，实则其真正之背景，情与爱二字，可占其十之七八，即所谓之社会、冒险、风景、时事等片，亦无不以情与爱亲之，约十片中，以时髦女郎，婀娜娇娃杂列者，可得九片，故饱受一般人士之欢迎。论其中之串插导演摄影诸项，吾人固赞许不置，然当此世风日下，人欲横流之秋，平心而论，谓为诲淫，实不为过。何则？观影戏者，多属青年学子，闺阁淑媛，其见闻有限，率皆血气未定，一睹所谓情与爱影片，其演片中之男女，于花前月下，山盟海誓，桑间濮上，把臂谈心，正所以导引其日就下流。如有人焉，初系风雅青年，或窈窕淑女，试以《红楼梦》或《西厢记》，令其周览一过，然后再以其举止言行，与初时相较，恐不待智者而后知也。是故不佞谓《红楼梦》《西厢记》，亦属淫书。难者曰：《红楼梦》文最良，《西厢记》词甚佳，均有足多者。曰：良也，佳也，固矣。试问青年士女，读其书而学其文词者，能有几人，鲜不模仿揣拟，男人欲为书中之才子，女人欲为书中之佳人，至其极如何？不佞实不欲多言也。是等书尚属文字之作用，尤有甚者，厥为电影。盖电影非独具文字之魔力，且有直观作法，为之导演，虽微妙之点，亦能曲曲演出，故电影之影响，又有甚于淫书。

或谓电影为社会教育之一种，所以表现新文化，虽稍有微疵，亦不无利益，子何胶柱鼓瑟？摧残若是，举其一，不计其十，殆未曾读韩昌黎之《原毁》篇也。曰：天下事日久弊生，实自然之定理。过犹未及，亦古今之通病。与其过度，毋宁不及。与其引导社会，毋宁其根本不加引导。际兹繁华社会，人心浊恶，吾人方挽救之不暇，何可抱薪救火？利尚未著，弊已大彰，实未见其可也。

或又曰：子对于影戏批评，殊为门外，约知其一，不知其二，所谓之恋爱言情等片，其结果正所以警世，皆因果相生，冤冤相报，子何固执乃尔，曰：是即吾之所谓过犹不及也。青年男女，绝无判断善恶之能，其影片之情爱处，正为彼辈之着眼点。不佞曾屡见电灯一闪，银幕开映，于黑影朦胧中，观影男女，秽语百出，谈笑之顷，并辅以手足动作，与银幕上表同情，尤以中年男女学生为甚。至影片之结果，彼辈鲜有注意及之者。彼辈之着眼点，在影片过程中之表现，并非注意编影片者之鹄的。

　　十六年十一月，教育部曾通令各省区，禁止青年男女学生观电影。本埠教育当局，亦接到同样之命令，惟所谓禁止者，仍属舍本逐末之办法，非根本办法。凡关于影院之映演新片之先，须经有司严加检查，是否导淫，是否有伤风化，举凡言情恋爱等片，悉可在屏弃之列。盖言情恋爱等事，原属人类之天性，不必人力指导，而从古至今，亦向未闻对于爱情等事为门外者。于历史、科学、义侠、冒险、爱国等片，开豁神智，有益身心者，宜多为映演，或可补助社会，有裨风俗，且于社会教育之名，亦稍相符。若谓现在之普通影片，为新文化之表现，新智识之渊源，是诚不务其本而逐其末者也。呜呼！社会教育即是之谓也，噫！

第五节　跳舞

　　跳舞二字之来源，盖甚远矣，我国先民，凡欢乐忧患愤怒恋爱等种种之意志感情，无不以跳舞表示之。今可证者，若贵州深山泽薮中之苗族，即可为我国上古遗民之代表，因交通不便，遂与普通人民少有往来，除衣裳服饰，冠婚丧仪祭，一秉周礼外，其特殊之习，厥为跳舞，试述苗族之一斑习俗，约可知其他矣。苗族人之结婚也，殊可为有兴趣之记载，每当暮春时节，万象昭苏，择天朗气清，风不扬尘之日，凡青年男女，皆相集于原野，奏蛮乐而跳舞，名曰跳月，其跳月之地，称为月场，歌舞既阑，男子即挽其意中之少女而去，此少女即为其偕老之妻。他如我国西藏之人民，亦爱音乐，喜跳舞，凡此皆足以代表我国古风者也。至于近世，人文发达，凡百维新，因之跳舞之意义，亦渐就狭小，舍少数专门家，以跳舞为技术外，普通社会，则以跳舞仅为消遣娱乐之事，而成繁华世界不可少之时髦点缀矣。

哈埠华洋杂处，凡中外人力可致之消遣方法，尤应有尽有，是以跳舞一项，亦属普通者焉。现在本埠之跳舞场所，仅限于特区方面，在道外方面。凡会宴宾客，于较大之饭店，则均召妓侑觞，佐以歌曲，并无所谓跳舞者；在道里及秦家岗，则普通之西式饭店，几皆有舞女，均为俄人，说者谓此项舞女，多属白俄人，为生计所迫，盖不得已耳。客人于用餐之际，彼即翩翩飞舞，按奏乐人之节调，以转换其方式。至赏资与否，一任客便，在稍著名之大饭店，则舞女尤多。此外尚有所谓，纯粹之跳舞场所者，仿佛俱乐部性质，其跳舞人员，不尽俄人，华人之男女，以时尚自许者，亦间多加入，惟须纳相当费用。

其跳舞之法甚多，有专以男子跳舞者，有专以女子跳舞，男子则奏乐或旁观者，有男女合舞者，就中以末项为最普通，但又别为数种。普通以二人为一伍，依圆形队式以进行，前列为两男，后列为两女，互相错杂者。或一男一女为一伍，握手对舞者，此项最为普通，惟必须熟谙其术，方能进退自如。至其跳舞运动之部位亦不同，或专运动胫及足部，或专运动臂及上身，或运动全体。此外并有所谓旋转舞者，其舞女着极美丽单薄之衣裙，向同方向轮转不已，使衣裙翩翩飞舞，成大圆筒形，愈转愈速，令观者目眩神迷，喝彩不止。最近尚有所谓裸体跳舞者，但不悉其内容若何。总之，跳舞之类别甚多，以名称别，有所谓土风舞、快乐舞等，以种类别，有所谓英格兰舞、亚美利加舞、澳大利亚舞等等，惜不佞对于跳舞学，素为门外，不能尽道其详，以贡献于读者诸君，实为憾事。

至本埠特区境内，尚有专以教授跳舞为业者，或系一月毕业，盖或速成科；或系三月或六月毕业，盖或完全科之性质。需费至少亦需三十元以上。学习者华人甚多，皆系财力充足，富绅宦门之公子淑媛，考其目的，则专为出风头表阔绰而学习之，非为运动身体，发达筋肉而习之。

跳舞为男女爱情之媒介，此在今世，实毋庸讳言者也。俄人长斯术者，颇不乏人，华人现已多相效尤，犹之非是不足以表其为新社会之新人物焉。

总上观之，跳舞一事，以表面评之，固能运动筋肉，为消遣娱乐之一，果详考其内容，不独与社会毫无裨益，且适以助长恶社会之淫风也。

130~187

第八章　琐记

8.

琐记

　　不佞于撰述本书之初，即立定博采靡遗之旨。除滨江之历史、区分、机关、交通、实业、谋生、消遣诸大端，已于前七章分述外，觉未尽之言尚多，况花花世界，无色不有，以偌大之滨江，仅述七万余言，殊不足尽其大观，因特辟《琐记》一章，以纳余闻。在著者方面，固欲罄己所知昭告有众；在读者方面，尤欲尽悉其详领略无遗，是以将斯土之风俗人情，奇闻壮观，择其足录者，别为六十则，拉杂陈之，想亦读者诸君之所乐闻也。至每则文字之多少工拙，原弗计焉。

一　公共卫生

　　地方自治事务，最要之诸大端，不外教育、实业、卫生、交通、工程、慈善等项，就中尤为切要者，即卫生一项。我国人民，对于卫生智识，素行缺乏，非惟公共卫生，不知注意，即个人卫生，亦多不讲求。但个人卫生，责在个人，而公共卫生，责在主司之官府，是以地方卫生事业如何，亦即市政当局成绩如何之一部表现。

　　哈埠市政方面之卫生事业，殊未能办理完善。特区市政，虽半系席俄人之余业，然当事人之猛进，亦颇有足多者；道外方面，则不堪提及。在市政公所成立之前，卫生事业由地方卫生局主司，彼时其当事人等，皆徒尸其位，尽量收地方卫生捐，所表现之卫生事业，不过破水车及秽物车数辆，与老弱兼备之清洁夫数人而已；其他卫生事业范围内，应行设备者，率皆阙如。举其荦荦大者，若公立医院、公共厕所、垃圾箱以及清洁饮料水等事，均未能设备周全。今市政公所早已宣告成立，对于上述诸项，依然缺如。

最为市民所不满者，厥为公共厕所。特区方面，年来尚知次第修筑；道外境域，则只有二三处。行人来往于街中，果有大小便，实无处排泄，是以吾人一临街市，将有便溺之事，必须持之以忍。夫圯上老人之以忍教子房，原冀其就大事成大器，今市政当局之教市民以忍，或亦有所期许耶？吾人行走于稍著名之大街，觉对于清洁事项，尚知讲求；至各较小之街巷，则否，行人任意便溺，居民任意倾倒秽水，然以无公厕及公共秽水井故，警察视之，亦多不加干涉。自南六道街以东，迄十四五道街之广大区域，污浊尤甚，臭味飞腾，行人掩鼻，想责无旁贷之有司，不能不引为歉疚者也。

二 男女比例

本埠人口，据最近之调查，虽号称三十四万余，其中除六万八千余，为外人不计外，华人实得二十七万四千余名。此二十七万余名中，男女之比例，相去悬殊。男数当在十分之七强，计十九万余名；女数则十分之三弱，计八万余口。

夷考其故，盖因斯土无多年之土著，熙来攘往者，几尽属他乡之人。以种种原因，不惮跋涉之苦，关山万里，辗转前来，咸目斯土为乐天福地。且中原烽火，无时或已，农不得事其田，商不得乐其业，惟本埠尚属安谧，纵位于塞北，然轮轨飞驰，千里之程，朝发夕至，于是来者不绝，日益增多。就中鲁籍尤多，直籍次之，其业务不外工商二途。他若辽吉等省，则政学等界为多。

举凡来者皆谓斯地为利窟，白手而来，满载而归，其不带家属者居多，即所谓携眷者，亦不过单纯式之小家庭，除一肩行李外，了无长物。凡未携眷之客籍人民，皆有定期以返故乡。故本埠人民，目斯地为逆旅者居多，目为子子孙孙永远安身之地者厥少，因之遂成男多女少之现象焉。就直鲁客籍人民之等第言，大部为下级社会，以愉快此级社会生活者，则娼窑尚焉，是以本埠下级娼窑，发达异常，娼妓日见增多，犹有供不敷求之趋势。盖男多女少，故成斯等现象也。

三 车夫之野蛮

哈埠于开辟之初，人民良莠不齐，四方无赖，尤争相前来，既无正当职业，遂不能不流为盗匪之一途，杀人越货之事，时有所闻。彼时诸盗匪之抢劫也，与现在迥异。各人虽多无枪械，但多持吹毛立刃之短斧，如抢某户，初不问其钱财置于何处，或勒令交出，惟不分皂白，即将该室之人，尽行劈死，然后匪等再行搜索，竟有仅索得少许之款，而劈死多人者。呜呼，亦惨矣哉！

最为万恶者，厥为当时诸马车夫，多属匪类，彼辈阳为载客，实则每于夜间，载客至人烟稀少之地，骤出其预先藏于座内之利斧，即行将客劈死，然后遗尸于路旁，而饱载以去。诸如此类，层出不鲜。

友人某君，曾充任本埠军界要职，为述一事，颇堪足录。其言曰：某夕，一马车夫搭一甫下火车之乘客，车夫固久操斯技，恶贯满盈者，因涎乘客腰缠甚丰，杀机遂萌。孰知该客为某司令部之参谋，早已预防不测，虽着便服，而袖藏手枪。车夫以为乘客入彀矣，不胜自喜，急策其马，驰骋至某广场侧。该客睹由非其路，觉有异，已取出手枪。车夫以为地点已至，骤出利斧，向后猛举。该客大喝曰："无知畜生，速弃汝斧于路侧，载我某司令部，不然，将饷汝斯弹。"车夫不得已，遂从客所命。及至某司令部，该客大喝值岗士兵，令速缚此车夫，迨刑鞫，乃供认久充车夫，杀人不讳，遂置之法。于以知天网恢恢，疏而不漏，诚不我欺也。

四 半俄式之中国语

本埠外人，以俄人为最多，皆麇集于特区境内，华人则以道外为聚处。华人之精通俄语者，固不乏其人，但其所交谈之对方，自然为俄人，孰知年迁月积，竟使一部分之中国语言，几成为半俄式，即华人与华人交谈，大多数操此半俄式之语言。如糖不曰中国字之糖，曰沙合利；面包不曰面包，曰劣八；苦力曰老博带，皮鞋曰八斤克，火壁曰别力大，机器井曰马神井，房屋单间曰脑儿木，不好曰不老好，等等皆是。此外若特区方面之度量衡制度，亦多为俄国标准，如阿拉申、沙绳、布特等名称，华人相习已久。凡物品之授受，莫不以斯等名称为单位，并不止对于外人交易，对于华人亦如之。

夫特区我土地也，市场交易，不以我国之标准为单位，反以外人之名称为单位，可耻孰甚。或谓特区境内，俄人居多，我方沿斯等单位，原所以适应俄人之习俗，以免有扦格之虞。曰：此实大谬不然者也。俄人侨民也，其侨居我境内，举凡中国国民之权利及义务，除一部分外，侨民均有分别享尽之实，以一部之度量衡制度，又乌可反客为主？嗟夫，夏未变夷，夷已化夏！吾人于此，能不慨然？

五 牌匾

道外就市政方面言，应行改革之点颇多，吾人实不暇一一指摘，不过就其大者，分述三二则，聊缀数语以期改良。今就交通一项论，除路政不完全整饬，路灯之时明时暗等项外，最足妨碍交通者，厥为街市之牌匾。以正阳大街言，本为道外之主要街市，亦即菁华荟萃之市街，车马行人，纷乱已极，其街市之宽度，不过二丈余，若是狭窄之街市，其根本即属错误，吾人行走于街市之上，稍一不慎，即为车马所撞，若行走于人行便道上，尤须上下左右，顾及八方，果照顾不周，则各商之牌匾，迎面而来，撞鼻肿面之事，已属见惯。各商之牌匾，多悬挂于门面数尺之外，距地四五尺不等，且用绳索连缀，惟恐其为风姨所摆动，加以地下钉头磷磷，非惟雨天有行不得也之欢，即晴天亦须怀临渊履冰之戒，但各商尤互相竞争，肆意悬挂，有管理责者，亦无相当之制止命令，任其自作主张。尤以茶食店、靴鞋铺等为最甚。须知牌匾固为广告之一种方式，然牌匾之如何精美、如何悬挂，与营业前途，初无若何重大关系，纵牌匾辉煌，闪烁夺目，而货不真，价不实，亦不免日趋衰败。是以管理当局，宜仿照辽宁等埠办法，饬令各商，限期取缔净尽，既于交通称便，且较观瞻亦雅。然乎否乎？吾姑俟之。

六　校旗

校旗本为代表一学校者，其方式与颜色之采择，均足以表示其当事人之头脑如何。本埠各校，前不悉何人创例，其校旗皆为三军司命式，长约四尺许，阔约二尺，均属立形，边缘有若干缺刻，骤观之，俨如戏剧中红生戏之《白马坡》等之关字旗；其幅稍狭者，又如戏剧中众喽啰等所持者，苟行于街市，佐以鼓号，又与商号之创新牌者无异，殊属奇特已极。

年来各校尚知渐行改良，最近特区教育厅，曾重新规定，用昭划一。凡特别区境域内，教育厅权限所能指挥者，均须遵从规定，大学校均用红色旗帜，中等学校均用黄色，小学校均用蓝色，是种规定。现已施行，盖在规定者之主旨，不过谓界限分明，且资一律，苟有集会等事，尤易分别。

然则于此吾人可确言，是种规定，仍属无若何重大意义。夫红也黄也蓝也，若谓其代表种族，则仅代表三族；若谓其不代表，任意取斯三色，则其颜色又不鲜明。如小学校之蓝色旗帜，其字迹为黑色，尤属模糊不辨。总之规定校旗，颜色鲜明固矣，最要之点，须有深远之意义，务使各校师生，咸悉因何若斯之规定，因何采用是种颜色，不可任便规定，任便采取。盖办教育事业，与其他种业务不同，纵一事一物，亦须有其相当之意义，相当之原委，相习既久，使青年学子，自始至终，于不知不觉中，熏染于春风化雨之内，陶冶成善良之国民。不佞拉杂赘述，实不欲多言，惟希办教育者，不可不深长思也。

七　糊涂春秋

语曰，百里不同风，隔道不下雨。二言，诚俗语中的也，况远在异洲，种族不同之四夷乎。以本埠俄侨论，其一切习俗，迥异我邦。就服装言，其样式不同，固为本色，姑不备论，然四时不分，寒暑无别，则咄咄怪事也。夏季酷热，吾人以为应着单薄之衣，似觉凉爽，孰知其妇女等，着皮领皮袖头，而徜徉于赤日之下，且汗涔涔滴者，比比皆是，不悉其用意何若？至冬季严寒，则依然着最单薄高足之丝袜，殆不知天寒欤？抑凉血欤？或谓彼辈好奇心切，故作异态以引他人注意。如彼等之冠履衣服，多奇装异色，斯亦如之。曰好奇心切固矣。然素闻西人讲求卫生，胜于我国人，自不待言，其夏季御最厚之皮毛衣服，独不畏其妨碍卫生乎？考人身之温度，苟非疾病之人，向有一定，夏季天气甚热，温度甚高，孰空气与赤日，交相袭人，犹不可耐，安可使身体之温度，再行增高？身体之温度，既不克保持固有之现象，则岂有不患疾病之理；反之，冬季着单薄之丝袜，实无异裸足。夫以冬季斯地之寒，普通在零下若干度，多着衣服，犹虞不足，况裸足乎？或谓彼辈系锻炼身体，故不觉其寒。曰：锻炼身体，奚必止于足部？然冬季缩其颈，厚其衣，此又何也？或谓习惯，或谓遗传。然欤否欤？殊使吾人少见多怪，百思莫解焉。

八　为政在人

近数年来，中原多故，戎马倥偬，连带波及之区域，奚止数省，各大都市，鲜不金融吃紧，百业停滞，独哈埠以安谧闻，工商业之发展，一日千里，万民乐业，讴歌升平者。何也？吾人饮水思源，不能不归功于当地之贤明长官焉。

特区方面，前有朱长官，后有张长官。朱公为第一任之特区长官，整理庶政，百废俱兴，最著者，若决然收回地亩事宜，改组特别区域。其间波折重叠，煞费苦心，竟使对方软化，拱手让与，果非具有绝大毅力者，曷克臻此？

张公为最近去任之长官，治绩尤卓卓可观，且处处以国权为重，若坚决主张撤消市董事会，改组特别市市政局，封闭东铁学务处，成立特区教育管理局等。前有领事团之一再抗议，后有东铁之把持学款，交涉经年，终未解决，公竟处之泰然，毫不为屈；抗议者分别驳覆之，把持者则自行垫发之，争之以理，持之以毅，竟得最后胜利。他若整饬警务，改良市政，皆其彰明较著者；特区人士，咸不津津乐道，有口皆碑。

其尤为传诵者，若十五年一月之"停车案"。东铁局长伊万诺夫，擅行停驶南路列车，斯土人士，莫不大哗，俄方又宣称以武力为后盾，集雄兵若干，枕戈以待，我方亦调兵遣将，誓加对抗，北满风云，顿见紧张，大有箭在弦上，一触即发之势。时张公以戒严司令兼摄特区长官，从容不迫，分别应付，除逮捕伊万诺夫外，又使列车照常开驶，俄方竟无可如何，俯首听命，设易人而处，吾恐不失败者几希矣。

道外方面，若蔡前道尹之苦心整理圜法，丁镇守使之维持治安，均有足多者；他若吕督办之折冲东路，尤著奇功。不佞辑兹滨江琐录，对于任何个人，原不主张加以揄扬，惟是善善恶恶，人有同情，表而出之，以垂久远。所谓为政在人，人存政举，殆斯之谓也。

九　奢靡成风

本埠以谋生较易，报酬稍多之关系；遂使风俗日趋奢靡，举凡衣食住诸大端，罔不用费浩大。以服装论，中人以上者，穷极奢丽，夏季纱绸，冬季呢绒，习为见惯，吾人于冬季一莅街头，见夫熙来攘往者，头戴獭貂等皮帽，身披青呢大氅水獭配领之人，触目皆是；夏季应时之绸衫纱袿，巴拿马式草帽，则尤难指数。夏季生活最易，非惟中人以上者，豪华奢丽，即中人以下，月入二三十元者，率皆备一袭应时衣服，以示阔绰。故吾人于夏季斜阳返照之际，一莅消遣场所，或繁华街市，触入眼帘者，莫不属豪华之现象也。盖繁华社会，以奢相竞，由来已非一日矣。苟有崇俭之士，蜷身其中，咸不自惭形秽，无地自容，同流合污，势所必然。其豪华现象既如是，果一考其恒产如何，实则大多数一身从事，多属浮萍，空空者甚繁，素封者实寡，一日来源顿蹶，则床头金尽，壮士无颜矣。夫悖入悖出，原属定理，奈何劳力相当之代价，竟挥之如土，不知节俭，不务储蓄，甚矣哉。恶社会之移人，有如是耶？不佞籍隶沈水，从事其地又多年，独怪乎以开辟已久，历史著名之陪都重镇，贵宦戚畹，甲第连云，裘马公子，翩翩皆是，其俗尚衣着，诚弗逮兹繁华叫嚣之滨江，噫！

十　妇女时装

凡未曾至滨江之人士，每臆度斯地既位于塞北，去中土甚遥，其风俗衣着，当然鄙陋现象，何意竟有大谬不然者。斯土交通便利，东省铁路与西伯利亚大铁路，相互联络，欧风东渐，首当其冲；纵开辟未久，地属边关，文物不及江南，然繁华都市，衣冠俗尚，又乌可以塞北目之。以风俗奢靡之影响，本埠妇女之衣着，尤为钩心斗角，五光十色，辉煌刺目。

依现在最流行之式，为短袖旗袍，筒式毡呢帽，平底断腰鞋，皆风靡一时。夷溯其源，则多师自北里，闺阁淑媛，争相效尤，青出于蓝，殆有甚焉。短袖旗袍，以瘦为美，普通须稍过膝部，帽子须及耳下，后缘与领相接，只余粉面桃腮，彰彰外露，帽上多围以反光甚强之各色花绫，并斜竖一鹅雁等属禽类之羽毛，有若西洋贵族妇女之时冠上之羽毛焉，但彼为最名贵之鸵鸟毛羽，此则普通价值低廉之禽类者。最近因剪发盛行，帽式亦随之而改，多用呢制者，以赭黄色为最时髦。鞋之最称时髦者，必须断腰式外，且须黏有漆皮之花纹。

他若手表戒指等，尤为装饰所必需。近年来西人所发明之洋金戒指，销路颇见畅旺，一般妇女多喜购之，盖价值低廉，且衣服丽都之人用之，旁观者又皆目为纯金制口；反之果鹑衣百结之人，用赤金戒指，则途人必谓为假金者，此固俗目之通病，原不必厚非也。总之，妇女之装，日新月异，昔日之时尚者，今则目为陈腐，又安知异日不谓今之时尚者为陈腐乎？是以吾人终难武断其何式为适宜者，故谓适时为宜，想亦世人所公认者也。

十一　气候之改变

本埠气候，年复一年，日趋和暖，冬季寒期，夏季酷热期，均渐缩短。如在八九年前，虽不能似胡天八月之飞雪，然甫入九月，即寒气袭人，瑞雪时飘，又仿佛近之；今则初冬已届，始行落雪，仲冬既至，微风犹和，夏季亦不如前若干年前之酷热，年复一年，日趋凉爽，实不悉何故。

或谓人口日益增多，使之然也。不佞考人口增多，与何种对象有关系，能致温度变化若是耶？大约或使空气起相当之作用，而温度因之变迁。夫空气所含之成分，不外氮气、氧气、碳氧气及阿摩尼亚与少许之阿巽等。诸气体中以氮气为最多，氧气次之，其他各种则甚微鲜。既谓与人口有关系，且使温度改变，则除氧气莫属也。想系人烟增多，动植物之燃烧，及有机物之腐败，使氧气多量变化为碳氧气，而植物之同化作用所发生之氧气，与其所变化之碳氧气，不相等量，故使空气沉闷，犹之吾人一入公园之门，顿觉胸襟开朗，或夜间入花窖之中，又觉窒碍不可忍，盖一则氧气充畅，一则碳氧弥漫故也，因之冬季吾人不觉如前此之奇寒。虽然，此诚片面之解释也。然夏季又不如前之酷热，又何说耶？殆亦与人口有相蝉联之关系欤？不佞对于斯种科学，素乏研究，兹聊书端倪，用敢质诸气象学专家。

十二 大减价之索隐

年来本埠各大杂货店，各为自己营业起见，相互竞争，益趋激烈。除其详情，已于本书第五章第四节分述外，兹将探得其所谓大减价，所谓大折扣之概况，约略陈之。

考各商之减价也，广扎松枝牌楼，悬缀五色电灯，此外又雇鼓乐夫数名，大吹特吹，就斯几项，其所费已属不赀，而内部各色货品，且特别减价，大行折扣，于是顾客纷至沓来，拥挤不堪，好利者以为确实便宜，怡然自得，况头彩贰彩，金表衣料之观念，又时踊跃于心头，殊不知请君入瓮矣。夫各项广告宣传等费，无一不出自顾主本身，其货品所标注价码，非但未减，且反加增。俗云：奸商利图，当知其义矣。世间岂有以大利之权，而拱手让人者乎？据某个中人云：本埠某某大商号，于宣布减价之前数日，陡将各价码一概涂抹，另换较高之码，以便折扣，迨涂改完毕，于是遂正式宣布大减价焉。最奇者，有少数呢绒庄，其减价尤为特别，盖春季时期，该商等宣布春季大减价若干日，夏季又宣布夏季大减价若干日，此外秋季冬季，莫不皆然，不在期内者，尚有本号周年纪念又若干日。读者诸君，试思岂有终年减价之理，是以其真确减价与否，想不待智者而后知也。

至于大赠彩一事，尤属欺人已极。据其所宣布之彩单，谓头彩贰彩之代价，均值数十元。试想其减价之第一日，假令头彩即为顾主所得，然则其他各日，顾客以为无较大意外之希望，必相将裹足，故吾人敢决定其中，绝无头贰彩等字样。至其宣布某某得头贰彩者，盖皆伪也。犹忆沈垣某最大商号，于开始营业时，即大行赠彩，其中之头彩，为真正狐腿皮袄料一件，是以垂涎者，多云集该号，咸欲攫得之。市侩某甲，固狡狯子也，于该号开业之第一日，既驰往其地，故意购少许之物品，以拈阄，当即得最末之彩；某甲于当晚即仿制一，内书头彩二字，翌日又临该号，购物品既毕，于彩箱内一索而出头彩之签。司彩箱者，为一幼徒，当即大嚷曰：何奇怪之若是耶？吾号并无头彩。于是阖室大哗。经理某，闻声而至，大喝其徒曰：客人拈得何彩，即应按彩给予，何嚷之有？盖经理固机警人，于紧急之时，为本号信用，及为营业前途计，不得不隐忍以临机应变也。某甲顿得意外之物品，而该号又可谓意外之失矣。此事当日喧传一时，新闻纸亦多有记载者。然则读者诸君，可以味其详也。

十三　房价之不同

本埠生活程度，就大体言，固甚高，但局部分析之，则又有显然之区别，其等差之级，仿佛似数学上之等差级数。兹就房间之赁租论（市房不在此内，系指普通住宅），秦家岗价值最高，正阳河最低。次于秦家岗者，为道里；次于道里者，为东西马家沟；又次为八站、傅家甸，又次为香坊，又次为四家子、新安埠。秦家岗房屋，每月每间需租费约五六十元，道里需四十余元，东西马家沟需二十余元，八站、傅家甸、香坊、四家子、新安埠等区，则需十元至二十元之间，至正阳河则仅需七八元足矣。惟上述系就概况而言，果翔实别之，则其价值又纷歧不一，盖同在一区域之内，有二十余元者，又有四五元者，非独一区域之内不一，即一街一巷，亦多不相同。无他，房屋之位置、建筑等项，有显然优劣之差别故也。是以秦家岗房舍赁租之价，在本埠虽比较最昂，吾人并未闻因其昂而无人过问以空之也；其他各区，吾人亦从未闻因其廉有争相租赁者，每区均住民与房舍，成相当之比例。盖人以类聚，物以群分，其最昂者，有每月收入甚丰之人居之，其最廉者，有每月收入甚少之人居之，此生活程度之所以各自不同也。

至菜蔬粮米之行市，亦与上述各区成正比例，故就单纯式之小家庭言，在秦家岗居住，每月房费、食费，约需一百余元，道里则需七八十元，以次六十五十不等，最廉之区，则不足四十，已敷应用。是以言本埠生活程度者，殊未可一概论也。

十四　理发店

本埠理发业，以鄂籍人为最多，凡理发店之匾额，果注明湖北字样，似乎其等级差高于普通者然。惟不佞实不悉鄂人之何以独擅是业，想系一地方之风气，使之然也。犹之晋民之长于货殖，鲁人之以力糊口，小之若幽燕多剑侠，沧州多大盗，章丘多铁匠，济南多车夫，又仿佛似之，故是等理发匠，约不过代表鄂省之一部风气而已。各理发店最为特别者，即均备留声机一具，将喇叭由窗孔接入室内，使鸣声在外，盖系引人注目以广招徕之意也。不佞曾历游各埠，殊未见斯种现象，当亦一地方之特别情形也。

考理发处属于地方卫生范围内之管辖，故其清洁与否，与人民之健康，有直接之关系。何则？因人人必须理发，亦即人人必须入理发处之室，故与住民有直接之关系，是以谓其为公共处所，亦无不可。诸理发店之不宜于卫生之点颇多，今举其较大者，约略述之。若理发匠本身之不知清洁，即其一也。彼等呼出之碳氧气，多臭不可耐，且其手多污浊。以吸烟者为尤甚，每当工作之时，所呼出之恶气，直扑对方之面，其污浊之手，于剃髭刮脸之际，又抚摩客人之口鼻不已。试思当夏令炎热之候，疾病之传染，微生物之移转，自属易易。此外若剪鼻孔也，取耳垢也，以刀锋削眼角也，尤多与卫生之旨，大相背驰。地方有司，原属责任者，为公共卫生起见，务须有以改良之也。

自最近妇女剪发之风盛行，诸理发处为投机起见，咸易其旧式招牌，大书特书最新男女理发等字样，且绘成各种之图形，以引人注意，但妇女之入其室者绝少，皆赴道里南岗一带之俄国、日本等理发处，对于华人理发店，均裹足不前。此种现象，不悉何故，精于心理学者，当可测得之也。

十五　妓女之言不足凭信

北里艳姝，出自名门者，固不乏其人，但冒称者，亦所在多有，不知藉是以高声价欤？抑别有用意欤？就不佞所考查者，其称为有清某某显要之后，或荐任以下官员之后，姑无凭稽考。盖因有清显要，不佞不尽悉其名，至荐任以下，则多如牛毛，更难周知。但称为当代某某时人之后者，则确实与否，立可得知，不佞对于现代要人之名称略历，向极留意，十可约悉其八九。如北里某妓，谓其父曾任某部次长，幼失怙恃，被人利诱，某妓谓其父曾任某海关监督，一朝失足，误坠青楼。诸如此类，比比皆是，果相对证，则实系完全讹赖。又有冒称某省某女子师范毕业，间或有谓曾充女教员者。有称某女子中学修业，家贫无力续供膏火之资，不得已落溷者，其房间之内，故置书籍报章风琴乐器，以引诱号称文人骚士者。种种现象，不一而足。

虽然，吾人于此，不能不有所言者。夫妓女苦海沦沉者也，岂其终始欲甘老此皮肉生涯者耶？盖皆有不得已之苦衷在焉。然则吾人于其不足凭信自高声价之言，又何必深责之？地老天荒，遗恨无穷，惜花者能不同声嗟欢而唏嘘不已耶？独怪乎世之大言不惭者，往往冒称某特任为其至戚，某厅道为其姊丈，想亦有不得已之苦衷在，以自高其声价耶，如其不然，是诚皮肉生涯之不及也。或谓妓女本属水性，迎旧迎新，为其分内，假言饰词，固其本领，子何必专则论及？洋洋于笔墨间，以宣示于众，殆亦不自知其无味耶？曰：若是之问，诚非深知我者也。

十六　妓女之时运

俗曰：人不可与命争。诚哉斯言，所谓之生命八字，六步大运，判断终身，毫厘不爽。盖长生、沐浴、冠带、临官，帝旺衰病死墓绝胎养之十二运，虽寥寥十七字，吾人可占其六。此六运中，一生功名利达，贫苦穷辱，胥视此六运为转移。苟幸值佳运，虽贫为乞丐，贱为妓女，亦有声势煊赫之一日。今以北里言之，据常情观测，果色艺超人，当可名驰遐迩，自无疑义，然一详考之，又殊未可尽言者。盖亦有幸运存焉，如现在大名鼎鼎，枇杷门巷车马络绎之德凤下处巧玉，论其色相，原属中庸，叩其艺能，更属平平，但称雄花国，誉满平康；而其绰约多姿，娉婷婀娜者，反多门可罗雀，问津乏人。试思此非命运而何？

吾人苟退思之，西子、王嫱，古之美女，后人尤交相称道，然则古之美人，岂仅西子、王嫱耶？茫茫禹甸，芸芸众生，想胜之者，亦不乏其人，其蜗居陋巷湮没不可得闻者，大有人在也。盖西子、王嫱，得其人而名彰，亦幸运使之然也。或曰，子不观夫古往今来，白山黑水间，英雄埋没草莽，庸愚而至通达者，比比是也，无他，皆命运系之焉。若斯语者，殊可谓中的矣。嗟夫，运命之理，实不可不信，然则世人每自矜其高材小用，稍有聪明，辄叹不得获售，且怨天尤人者，可以休矣。

十七　串巷子及市场小戏园

道外一隅，风俗最坏，有专以串巷为业者，每于万家灯火近黄昏之时，一司管弦者，携歌女二三人，沿各街巷，入各旅馆花店客栈之内，逐房间询问客人，请聆其曲，如客人不欲，则又缠绵不去，苟令其歌，每毕，必纠缠久之，且其年齿稍长者，又多自荐枕席。此风万不可长，不悉管理当局，何以不加禁止，抑或下情不克上达耶？

又北七道街北端，有所谓小戏园者。西邻福安里，下等社会之人，麇集如蚁。内有歌女六七人，年龄均在及笄以上，最长者，尚不过花信；有司弦者二三人。每日招引一般无赖流氓、劳工苦力之短衣阶级，扰攘其内，并无固定之价值，每于一曲既终，各歌女皆下台，按次至诸无赖处索资，而诸无赖及劳工等，故意勒而不予，使各歌女缠绵于侧，秽语时出，且手足均有相当之动作；每予，必故以铜元一二枚付之，使其再索；又有故意取出多数纸币以涎之，使其纠缠不去。吾人果一考其每日歌若干曲，实则自上午，迄下午十时止，所歌者不过数次，镇日时间，几完全下台索资，各苦力等且多流连不忍去，若有所眷。不佞曾一度入其室，觉空气恶浊，臭味直扑鼻孔，见夫诸劳工等，攘攘其内，皆怡然自得，惟恐诸歌女不至其侧，不向其索资然，人声鼎沸，秩序甚乱。不悉当局因何图兹些许捐务，而助长社会之恶风焉。

十八　道里道外之界限

哈尔滨道里道外之名称，由来已久。所谓道者，即铁道也。铁道以西，称之曰道里，铁道以东，称之曰道外。但普通人往往认为道外，即为吉林省所属之滨江公安局辖地，实则不然。考可称为道外者，北至江桥西至铁道，南迄南岗之陡崖，皆可以道外二字名之。道外共分八站、傅家甸、四家子、北江沿四地域。其中八站一区，系属特别区范围，余三区，为滨江公安局辖地，亦即今之滨江市政公所之行政区域，是以本埠地域，属于吉林省辖者，仅此一隅之地，与全埠总面积相较，不过占其七分之一耳。其他七分之六，均为东省特别区之治域，故道外之八站一区，犹属特区警察范围。八站之东端，以承德街为界，即承德街之东侧市房，仍属特区；迤东则紧连傅家甸，方属滨江警察范围。承德街原名国境街，盖在俄人秉政时代，今之特别区均属俄人势力之下。该街以东为华军防地，故吾人于国境街三字，亦可顾名思义矣。迨特别区正式收回后，我行政当局，以为国境街与实际不符，因更名曰承德街。

总上言之，普通所谓之道外，实为傅家甸、四家子等区域，至八站一区，虽位于道外，而实则属于特区范围之内也。十六年九月某日，不佞曾见特区警察三人，由道里尾追一匪人，沿南马路而东，相距可数十步，及抵南马路东尽处，该匪横穿承德街，而入滨江警察范围之内，尾追之特警三人，驻足而东望者久之，旋掉头返矣，致使匪人远飏，殆亦道里道外之管辖界限有以阻之也。

十九　鱼皮底之流行

繁华社会，其衣着冠戴等品质原料及式样，非惟妇女所用者，日新月异，即男子者，亦新陈代谢，变迁无常。本埠自民国十五年来，有所谓鱼皮者，不知由何国运到，专用为各种靴鞋之底，其利益甚多，若晴雨之天，均可着用，既不透水，又颇柔软，且能经久，不易磨损，对于卫生学，尤有裨益。盖步行时，更能间接保护脑筋，不使受震撼之害，于是风靡一时，争相购买。但不悉由何种化学作用，配置而成。或谓由各种碎皮之零块，熬炼而成；或谓由某种胶质，中杂以他种原料制造而成，众说纷纭，莫衷一是。至其命名为鱼皮，尤属令人不解，想当世不乏化学家，定当有以释之也。

考吾人之脑，最惧震动，其中之脑髓，尤为要部，如吾人之头盖骨为八扁平者，即系一种自然之生理保护脑筋之作用，苟吾人之头盖骨，统合为一，设有一小部受击触，则全局震撼，而脑髓不免有损伤，因人之全体，脑为最主要者也。是以吾人之足，蹠骨成为弧形，足踵之下，且有较厚之肉，亦自然之生理作用，原所以为行路之时，保护脑筋也。故鱼皮底之利益虽多，不佞认为其能保护脑筋之一点为尤要。夫物质文明，一日千里，声光化电，其最著者也，自不待言，即其最不足称道者，亦与人类有相当之利益，然则吾人永蹈故步自封之习，又乌乎其可哉。

二十　西服之时髦

华人发明力虽小，而模仿性则甚大，盖由来已非一日矣。本埠华洋杂处，服装各异，吾国人本有固定之衣服，即所谓之普通便服，夏凉而冬温，且异常轻便，着用时尤节省时间，其各项优点，初无待不侫喋喋也。但本埠之好事者，及自命为新人物者则不然，举固有之华服而不用，多着用西服，以为美观。至供给斯等西服之场所，除一部分较高级之人员外，其余大部分均购自于道里之八杂市等小商店，该处皆小本营业，专备偷工减料之洋服，出售于俄之下级社会及华人之号称时髦者。考西服之式样及质料，冬季既不及华服之温暖，夏季更不及华服之凉爽，且于穿着时，煞费时间，领巾也，钮扣也，汗衫也，背心也，皆画蛇添足，不悉华人之着用者，因何尚以为适宜焉。

慨自海禁大开，欧化东渐，尔来已数十年矣，华人涎其强盛，而每不察其真确之主因，谬谓一事一物，亦当效法，于是拾其唾弃，习其皮毛；通商以来，未或稍懈，故名都大邑，尤在在足以表现华人模仿性之强大，每将吾华固有之点，根本推翻，完全法自西欧，且自号为新，雌黄故国，可耻孰甚。夫舍本逐末，终招失败之叹，骛虚忘实，徒贻皮毛之讥。然则发挥华人固有模仿之本性，又岂独滨江一地为然耶？

二十一　术士之欺人

繁华社会，无奇不有，诈骗伎俩，原属习闻，兹聊述数则，以觇一斑。夏季江干，异常繁盛，如点痣、相面、卖卜、卖假药、摆棋式、授戏法等术，皆属江湖者流，其骗钱之法，亦层出不穷，所入彀者，率为短褐不完或鹑衣百结之劳工苦力，及乡村农夫等。

兹首述点痣者，如上述之人，聚观于其侧，术者故意指其图扬言曰：某部位之痣主克父母，某部主遭重丧，他若某部位为伤财之痣，某部位为克子之痣，诸劳工苦力等，果心思犹疑，大脑无主，鲜不堕其术中。其索资则四五角不等。苟对方确有其痣，不欲点去，则彼又骤用其欺人之药，涂于痣上，于是两方遂生龃龉。一方曰：吾并未命汝点之，何乃冒昧从事？一方则曰：汝虽未使吾点之，但药已涂上，吾之药本颇昂，今手艺洋可以不汝索，只付三四角药本足矣。此等事屡见不鲜。

次若相面者，尤工于骗术。如遇是等人驻足其侧，不云气色不佳，即云大运不旺；或言凶事将现，或言奇祸临头，宜相一相，自有解脱之方。如中其术，则解脱灾祸之费，又需一二元不等。

至卖卜者，尤称可恶，每多自诩谓善断吉凶祸福，专批八字流年。及一使其批断，则语无伦次，含糊不清，不曰父在母先亡，即曰夫妻克当死。骤聆之，似属有理，细玩其义，则皆两可之语，反复有理。

他若卖假药者，亦属万恶之流，或言代卖王麻子膏药，或言专售定州眼药，至其药之真实与否，更毋庸赘述也。余若摆棋式、授戏法等技，尤属欺人已极。至若售卖假货者，则更仆难数。如备旧佛几尊，谬称浮屠陈迹，或列破瓶三五，妄谓多年古玩，种种现象，不一而足，每日为若辈所骗者甚众，故其收入，均颇不弱焉。

二十二　入住宅之骗

哈埠为万恶之薮，仅就骗人为业者而言，奚止千百，最近有专入寓宅以行其伎俩者。其法颇简，骗者多衣冠楚楚之士，一望若文人君子焉，每径入住宅，启门而故问曰：某某先生寓此否？其所谓之某某，确无其人，不过假构斯名，藉故以入耳。如室内有人在，应之曰无，则彼掉头径去；如无人在室，或童稚一二人在内，彼辈以为有机可乘，遂携若干物品以去，及主人察觉，则早已杳如黄鹤矣。苟主人于可能范围内，尚可追及，即令追及之，不数武必有数人故意询问，或肆意纠缠，以延长时间，待越相当时间后，此数人者，亦共与主人同追，孰知同床异梦，转瞬分道兔脱矣，盖之数人者，皆骗者之党羽也，其用心之工，有如是者，此等事习见于道外。

又有自称某某机关调查员或侦缉员者，藉搜查户口或查拿烟赌之名，每踉跄径入民宅，公然自行搜检，果有违禁物发现，如旧纸牌等，则竟胆敢罚款，其结果则骗得若干钱款以去。

此外尚有冒称暗探者，往往挺身夺门而入，戾气凌人，谓本探由远方追踪匪人至此，费几许心力，眼看入尔宅内，不得推赖，火速现出匪人。如曰并无此种情形，则骗者必恫吓曰：果不现出，本探将遄返报告本主管上峰，处尔以窝藏匪人罪。无知小民，每易为彼辈所骗，夷考其结果，则又须纳相当贿费，且婉言恳求，方始无事。嗟呼，骗者若是之众，骗术如是之精，兴念及此，不佞实不禁为无知小民忧，噫！

二十三　冬季夺皮帽

本埠繁华之概况，前已屡言之矣，至服装之奢侈，不过其一部之表现而已，就冠戴言，冬季戴水獭皮帽者，触目皆是，其价值甚昂，即最廉者亦需二十余金，最昂者则需七八十金。于是冬季有所谓夺帽党者，专夺行人皮帽，其时间多在黄昏之后，以迄夜分，尤以乘车者易为彼辈所夺。如吾人乘车疾行，彼辈即用迅雷不及掩耳之手段，骤掀之而去，虽当时令车夫停止，然值吾人下车追踪之际，彼辈早已远飏矣。此等事又习见于下等娼窟中，盖下等妓院多散漫于各处，院内道路狭窄，游人如蚁，于浏览群花心目专一之际，皮帽往往不翼而飞，既当时觉察，反身欲追，孰意早有数人拥塞于后，竟不得越雷池一步，失者只得任其扬扬而去。

曩于数年前，特区某机关高级职员某，因事乘马车赴道外，时当黄昏，行经正阳街，不意夺帽者，不悉由何处突如其来，骤掀之而去，某职员当即返署。翌日，由该机关即电知道外警察厅，谓于昨夕在正阳街，失去水獭皮帽一顶，该街系属道外警察行政范围，希即饬属寻得，请差人于今夕送还，警察厅当即设法觅众夺帽党之住址，并限于昨夕夺得之帽，一律送交本厅。未几交到者，共六七顶，旋送往特区某机关，令失者自择。夫失帽者，为机关要人，竟得珠还合浦，设失者为普通平民，除自认晦气外，想别无他策也。不佞兹警告冬季戴水獭皮帽者，须时怀戒心，虽防备于先，又岂能豫知彼辈之自何地于何时突出耶？

二十四　乞者之文章

花花世界，无色不有，诡谲诈骗，光怪陆离，不意乞者尤具特殊本能，兹录出以博读者诸君之一笑。哈埠乞者甚多，每日蹒跚街市间，触目尽是，但不悉彼辈得何人口授，往往满口文章，吐属不俗，如遇吾辈粗识文字之士，则不得不稍解吝囊，一为资助。

就不佞所屡见者，有自背诵其历史，娓娓不断，且字字入耳，今述一二例。曰：吾本世家子，幼丧严慈，长遂业商。原籍某省某县，食者为珍馐美味，衣者为绸缎绫罗，住者为高楼大厦，每日出行，仆马甚盛，人世间之艳福，吾独享之已久矣。不意天不作美，祝融税驾，只使我片瓦无存，只身逃去，辗转千里，来兹滨江，原冀幸邀天佑，聊谋糊口之方，孰料命途多舛，人事无常，求亲无亲，求友无友，谋生无路，告贷无门。吁嗟呼，荣华富贵，转眼皆空，奈何奈何。公等均属仕宦长者，府均素封，恻隐之心，人皆有之。语曰：救人一命，胜造七级浮屠。微施小惠，拯我余生，但愿来生脱变犬马，结草衔环，以报活命之恩等语。吾人骤闻之下，虽知其伪，但喜其脱口而出，预备有素，不得不稍破悭囊，掷以少许之钱款，可笑孰甚。

又有三数乞丐，常出没于荟芳里中，每值走马王孙，翩翩而来，则尾其后而诵曰：寻花问柳，本为文人快事，倚翠偎红，尤属名士风流。惜哉贫贱如某者，不可得其趣焉，诸公均属上等社会之人，金钱没腰，盍稍节缠头，一济涸鲋乎？此数语虽生涩不及前者之流利，但仍稍有文味，究不悉传自何人也。

二十五　估衣商之伎俩

骗人之术，诚难详录，最易入彀者，厥为劳工苦力及乡愚等。今述一简单之事实，亦可聊窥一斑矣。本埠道外各街，有业估衣者，专售已做完毕之衣服，固一望而为十成之新者，然以冬季之棉衣论，青坎布者，果自己购原料，使成衣局制作，则一套袄裤，即需洋九元余；苟在估衣铺购之，则只六七元足矣。于是诸劳工等，以为特别便宜，争往购买。实则不但布料品质低劣，且色素尤浮，不数日即脱落成为奇色，而棉花亦系陈旧已久，破碎不堪者，但故意使某处不完全缝固，实以少许之新棉花，令其微露，购者视之，确为最上之新棉花也，实则仅此一角耳，他处大部则皆不堪者，及购者抵家，再行检验，方知为完全破旧之棉花，虽知被骗，但果登门问罪，则欺人者又绝对否认，且愤然曰：适间汝自本号购者，确系完全顶上之新棉花，系汝当场检验，汝安可到此诈赖？于是血口喷人，购者只得自认晦气而去。又有购时衣服较量似甚适宜，及一旦购者返舍，实行穿着，则又觉绝不合宜，非短即瘦，果持之登门求换，彼辈每藉口货物出门，概不退换二语，以峻拒之，是等事层出不鲜。嗟夫，际兹浊世，人心险诈，骗名骗利之徒，奚止千百，然则吾于诸估衣商人，又何责焉？

二十六　皮衣商之骗人

上述系劳工苦力等之下级社会，往往被骗，殊不知即所谓之上中级社会之人，有时亦入奸商彀中，此诚堪悚惧者也，盖奸商所图者为利，初不限于何级社会之人。如皮店冬季之售卖皮货，其骗术尤属骇人，竟有以桑皮纸糊兽毛，冒充皮衣料，杂于多数皮张之中，以欺购主。值顾客入内询问之际，彼等即取出较好之皮张三五，以刺探顾主是否内行。抑系外行，盖操斯业者，眼光最锐，固一望可知，苟系外行，彼辈遂取出伪毛者若干，但须挂面，因无衣面不足以掩饰也。一人逐一呼价值曰：某百元，某九十元等，惟慎呼至伪毛者，则曰六十元，或七十元，旋呼者故以为误，且有假充老板者，在旁故意呵责之曰：何以将价呼讹？殊属无用！果购主即购斯件，吾号将何以应耶？此时苟顾客以为有便宜，可趁火打劫，则必曰：吾即购此。彼辈固靳而不售，且大骂呼价值之商人不已。经几许之唇舌，始允卖之，故扬言曰：此件系某某寄卖，但言已出口，驷马难追，为本号信用计，不得不出卖，今惟有赔钱而已中。及一旦购者归寓，实行着用，孰意三五日间，则毛脱落殆尽矣。此外若将狗皮充狐皮，猫皮充貉皮，割去其一部以膺顶补，或将颜色较淡之皮毛，以五倍子等原料，染之使成优良之色素，而欺人者，比比皆然。噫嘻，海上拆白诈骗之风，不知何时移于塞外矣。

二十七　缝妇

近年来直鲁人民，多因遍地烽火，无处栖身，不得已辗转来斯土者，络绎于途。但以本埠生活程度甚高，非有相当生产之术，实无以应消费之繁，于是男者遂多卖力以自瞻，而女子则多流为缝妇，此间通称之曰缝穷。盖因其顾客皆属一般劳动之下级社会，且为一二角之些许针黹交易，故名之曰缝穷。操斯业之妇女甚伙，多居于道外，每日各携蓝布包袱，彳亍于市，专为劳工苦力等补缀，以博得蝇头之利，殊堪怜悯，但日久弊生，天下事往往如是训。至年当青春之女子，亦追随半老徐娘之后，终日油头粉面，与一般苦力相周旋，于是种种问题，遂因之而生。间有自鸣得意，且行且扬语同伴曰：吾今日未曾带针线，即缝得洋数元。读者诸君，可以思其详矣。虽然，吾人于此，不能不深有慨焉。夫世间最逼迫人之事，莫生计若。盖其他诸事，虽迫人不得自由者，尚无生死关键系之也。至生计则不然，此毋庸赘述者也。彼缝妇之栉风沐雨，以博蝇头，青年女子之自荐枕席，玷辱终身，岂得已耶？不佞对于是种缝妇，实无相当之意见。盖严行禁绝，适以杜其生活之路，且生适当之反应，终非社会之福。否则，果任其徘徊街市间，不独观瞻有碍，又适以助长恶社会之淫风。想地方有司，亦实无两全之策以处置之，惟明达如读者诸君，或当有超然之高论也。

二十八　平等

　　人世间不平等之事，诚难指数。哈埠机关林立，上峰对属员，阶级尤严，呼斥呵责，习为见惯，俯首帖耳，又势所必然，于以知抱官迷者之处境，亦正大不易也。然于兹阶级綦严之中，又有所谓真正平等之义，且使人心意满足，眉飞色舞，一向之被压迫，有若抛却九霄云外者然。是种平等之说，殊耐人寻味也。以下为机关中人之言，兹据实述出，以推阐其所谓平等之意义。

　　其言云：吾辈服务政界，逐波宦海，其暗礁实多，最难忍受且势必忍受者，厥为阶级之观念太重，盖稍一不慎，上官之呵责即随之，处境之难，甚于童养媳之初适姑家，平等二字安在哉？但吾机关中人之认为可以平等者，舍作北里寻花之举外，无他现象也。盖一入娼门，便为老爷，不论其官职等级，薪俸若干，特任简任，荐任委任，实缺存记，或将校尉士，或黄口孺子，苦力劳工，一概平等，并无太爷少爷之别。吾官长之眷人，吾亦得而眷之：其如何之事吾官长，亦如何事吾。诚人生之快事，亦真正之平等也。不佞按我国各机关之阶级限制，由来已久，今虽国称共和，而腐败仪式，率多仍旧，据理言之，各事其事，原不必以阶级之差别而划若鸿沟，至如是平等之说，亦殊有相当之意味。但以是为平等者，又大有人在，惟是否平等，尚祈质诸高明。

二十九　外国娼窑

本书第七章第二节所已述之娼窑，止限于我国者，至诸外国所设立之各娼窑，前并未及，兹补志之以飨读者。本埠外国娼窑，以日本为最多，均在道里一面街，皆以楼名之，若春日楼、旭升楼等等名称皆是。每楼有日妓十余人，其顾客止限于彼邦之士，华人不与焉。不佞以不谙其语故，关于日妓馆之一切冶例及详情，无从探询，实为遗憾。至日妓馆之在道外者，现仅有傅家甸北三道街之福德楼一家，有日妓六七人，其接待不拘国籍，来者概行不拒，并无大陆、岛国之界限，各妓皆可操半通式之片断华语，春风一度，需大洋三元，夜宿则需七元，例外用费，一概无之，且待客和蔼，一视同仁，更无米汤、凉水等术，愿者上钩，不欲者听。其身体之清洁，尤使顾主心安，非若我国之娼窑，花柳梅毒，不易幸免，登场者须时怀临渊履冰之戒。

至俄娼窑皆散漫于道里各街，共计二十余家。最下等者，在道里石头道街及买卖街，共六七家；稍高者，在斜纹街、地段街等处。华俄客人，均行招待。其冶例与上同，惟俄妓多魁梧庞大之躯，吾华人之欲尝异土风味者，恐未必销魂真个，不过略窥门径而已。

至朝鲜妓馆，在道里一面街者，共计六七处，在道外升平街者，计三四处。通常春风一度，仅需二元，夜度则需临时议定，约四五六元不等。华人之络绎垂顾者，肩摩踵接。其中虽不乏娟好绰约者，但以其屋室龌龊，较高级社会之人，多裹足不前；惟大部分人士，以为系属同种，纵言语服装，稍有不同，面容颜风姿，又与华人无异，故其营业，均称不恶。是以本埠销金之窟，初不止第七章所述者也。

三十　妓女之检验

花柳病之害人，胜于精枪利炮，言之实堪悚惧。茫茫禹甸，大好男儿，逞一时之欲，贻毕生之戚，捐躯温柔乡里，贻害妻孥子孙者，奚止万千。益以环境逼迫，不得自拔，章台春色，尤易撩人，于是赴汤蹈火，在所不惜。嗟呼，勒马悬崖者，能有几人？明知故犯者，比比皆是也。不佞于兹红尘十丈之滨江，诚望而生畏焉。盖繁华社会，有无量数之花柳霉菌，蠕蠕其中，不胫自走，不翼自飞，殆走马章台者之公敌耶。

本埠日本娼窟，每周均由日本有司，检验二次。朝鲜娼妓，则每周一次。俄妓则归特区警察方面主司，约每月一次。道外则归滨江公安局办理。合荟芳里及诸零星下等娼妓，共二千余人，其检验与否，则不详悉。但不佞惟知每值阳春三月之际，发售梅毒者，大有人在，此实堪注意者也。盖妓女之皮肉生涯，原属公开营业，因为众矢之的，故什九已染花柳病，轻者白带，重者梅毒，狎妓者以有用之身躯，作孤注之一掷，危险殊甚。为尊重人命，强国健重起见，对于妓女之不严行检验，致使淫毒遗祸无穷，想地方主管有司，实不得辞其咎也。

吾人相传之习语：有官就有私，有私就有弊。诚中的之言也。假令官方派员检验，则黑幕重重，其结果实与未检验等。唯一般人所以故知其危而蹈之者，因有多数号称专门之外科医生，踪其后也。彼辈每藉口包治花柳，专打药针。一面娼窑日益发达，一面庸医日益牟利，于是寻花问柳者，有恃而无恐，盖虽贻害子孙，尚可自保身命，因而繁华社会，流毒无穷，瞻望前途，曷胜浩叹！

三十一　可鄙可恨之营业

世间最可恨最可鄙之营业，无他，厥为业娼窑者是也。盖各妓搭班时所垫之押账，以及陈设器具，装潢点缀，房租伙食，门户支撑，捐款零用等费，就本埠北里论，每班通常以十妓计之，平均每妓押账约八百元，仅此一项，犹须八千元。况每班不止十妓，每妓不止押账八百元。等而上之，其用费更属浩大，外此并入其他各项用费，且哈埠生活程度较高，物价昂贵，总上计算，非有万金以上，决不克措置裕如，然后可正式开市，接待客人。有此万金，虽不能称为富人，亦不失为中产之家，大世之营业种类亦多矣，何业不可为？何技不可谋生？而奈何使清白如玉之女郎，堕身孽海，不克振拔。红颜多薄命之鬼，青山尽沉冤之魂，而吃此皮肉生涯之利乎？

凡娼窑业主，多属平津一带之人民，间有家本中资，尽货之他人，然后以其款额诱良家妇女三五，潜踪他埠，以营娼为快事者，殊属奇特已极。彼辈罪恶深重，死有余辜！盖其所倾陷者，不止清白妇女之本身，大好男儿，豪杰志士，迷蒙欲海，不自反省者，又不知其几许人也。果世俗所谓之轮回说应验，则彼辈业娼者，死后除受十殿阎罗之各种极刑外，且须坠无底之地狱，以绝其转生人路，不然，来世犹不知将倾害几许大好青年男女也。

三十二 花店

本埠逆旅，计分旅馆、客栈、花店等等名称。旅馆、客栈之名，尚有相当解释，惟花店之名，实无相甚之意义。或谓其初斯种客舍，专为贩卖女人所用饰品等之挑夫而设，厥后遂相沿已久，各种客人，一概招待。此说不过狭义之诠释，殊不足以其为花店之定义也。不佞于撰述本录之初，友人等多以为不佞对于哈埠诸情况，考察较详，间有以此花店名称之来源相询者，因约略答之于此，并实兹录。

考花字之义，在此应作名色繁复解释。如花名，言姓名参杂不一律也。花甲，言错置参互不齐一之谓也。然则花店之义，亦犹斯也。盖谓不拘何色人等，仕宦商贾、负贩走卒，均一体欢迎，一律待遇，无阶级之分，无贫富之别，此哈埠花店名称之来源也。惟天下事日久弊生，原自然之定理；爱财若渴，亦一般之通病。数十年来，哈埠益见繁荣，于是恶社会之现象，遂相因而生焉。不佞对于目下之花店，尚有特别之解释，盖为繁华社会形形色色诸恶现象之窟薮焉。兹举数例以详之。

繁华社会，淫风颇盛，间有一般怨女旷夫，荡子淫妇，每不甘独宿，或勾引成奸，多相偕投宿，冒称夫妇，以花店为阳台，作陈仓之暗渡。又有一般色欲发狂之人，投宿客店，以金钱之力，贿使店役，召附近暗娼以寻欢者。盖暗娼与店舍多通声气，并有相当提成，店役得双方之利益，故乐为奔走，而暗娼又藉此以生活，色鬼藉此更足以消瘾，因之三方交称便利，于是斯等现象，遂永无消灭之日矣。是故花店之意义，如是而已。

三十三 妓女之毁誉

妓女本属苦海沦沉之人，日处愁城，无由自主，前门送旧，后门迎新，本无所谓情与爱；游者不过以相当之代价，得片刻之欢娱。其不能钟情于某个人，实势所必趋。盖彼辈确有不得已之苦衷在，吾人应予以相当之援助，使登彼岸，方与惜花护花等旨相符。本埠人口甚多，人类不齐，多有措大生相，吝于资财，欲以一二元之代价，思得妓之相委事终身者，不亦谬哉？于是更有所谓吃醋者，妓女周旋稍行疏淡，竟谓别有所钟，不云套壶，即云爱白。间有微通文墨之士，又多方弄文舞墨，洋洋大篇，投花稿于各报，以冀其问津无人，门可罗雀；果稍蒙妓之垂青者，更连篇累牍以誉之。实则所谓垂青者，不过使冤头因之更冤，多加输将，以填孽海。是以报纸上之誉者，其人未必果佳；毁者，其人未必果恶，此理之至明者也。若十六年自春徂夏，以一巧玉问题，毁者誉者，达数十人，互登花稿于《大北报》，各思一显身手，自圆其说，相持数月，此一段风流孽案，卒未解决，终至该报取消花事一栏，方得收场。夫一妓女，有何毁誉之可言？果属文人消遣，公余之后，不妨稍加月旦，聊为品评。若一味争持，旷时历久，有何光彩之可表现？殊失斯文本色。此殆哈埠之特殊现象耶。虽然，际兹浊世，人情愈薄，率皆锦上添花，安有雪里送炭？阿谀拍马者流，比比皆是，又岂有真是非哉？

三十四 剪绺之技能

本埠道外一隅，车马繁杂，行人蚁集，各娱乐场所尤多，于是有所谓扒手者，或曰剪绺，专以此业为生之人，都计数百字。行人之被彼辈掏去钱钞者，每日可数十起。最可恶者，厥为身着军服者，冒充军人之流。实则正式军人，非星期四、星期日两日，不能外出。每日徜徉街面，蜿身人丛者，多为各机关之护弁，及斯辈冒充者。

其工作时间，通常在昏黑以后，三四人同行，一人在前，故意与行人冲撞曰：汝因何撞吾？行人必曰：吾遵路而行，何撞汝之有？是人盖藉是以探索该行人之钱袋，位于何处。如为其所知，则用黑语示其同伴，其同伴遂掏之而去，且行且语曰：吾辈可以走矣，撞否无关，均属行路之人。盖钱款已到彼辈之手，故作斯言，此一法也。

又有二人狼狈为奸者，一人为着军服之游民，立于前方，一人着便服为掏袋者立于后方，其法甚简。斯人将手由军人臂侧，探入被掏者之囊内，如将钱袋取出之后，而被掏者尚未之或觉，则二人掉头径去，各得其半；假令工作时，被失主惊觉，一转身顷，必触于斯军人之身，则军人自恃其灰皮，故意蛮横，纠缠斯人，此时与彼同党之小绺，早已远逃无踪矣。

以上二法，均须党羽在二人以上，且须在行人蚁集之地。苟单独一行人，一绺贼，亦可施其伎俩。此法尤简，窃者于距离行人数武外，故意吐涕沫或扔鼻涕于行者之衣服上，同时此贼驰至其侧，一面以只手拭之，且做道歉状，一面以他手窃钱袋。外此其他诸法甚多，要之吾人行走于街市间，不可不随时注意也。

三十五　滨江公墓

滨江向无公墓，旧有者，系属俄人瘗地，位于秦家岗东端；道外方面，则多以圈儿河为亡命异乡者葬身之所。特区方面，独无华人公墓。

民国十四年夏，时吉林省长王树翰，兼任特别区行政长官，因指令地亩局，将极乐寺东侧之地，拨四方里作为特区永久之华人公墓。同年建灵堂一所于其地，及四周墙壁与应用房舍等，工程既竣，遂名曰滨江公墓。凡滨江人士，不拘何界，苟猝遭不幸，均可寄骨于公墓。因埋葬地点之不同，故分为四等。近于灵堂者为第一等，每灵一口须纳地皮洋一百二十元；以次向四围为二三四等，二等纳洋六十元，三等四十元，四等二十元，均准永远占用，不限年期。至沿围墙内浮厝者，年纳地皮租洋十二元，果浮厝于灵堂内者，则月纳租洋十元。截至现在止，共已有骸骨三百六十余具。以其全面积论，可埋葬三万余人。凡沦落异乡之客，果遭不幸，无力运骸骨归故土者，有此广大安身之处，可以无忧矣。

三十六　滨江姊妹墓

人生于斯世，本如驹光过隙，转瞬即逝，富贵穷通，原无须斤斤计较。但亦有抱及时行乐之旨者，宁欲富贵夸耀一世，不愿贫贱毕此生，斯固人情之常也。然亦有生长名门，不克坐享富贵，而中年夭逝与万物同腐者，则尤令人惋惜不置者也。若前东省特别区行政长官张焕相氏之二女公子是也。二女公子均肄业于哈埠普育学校，聪颖绝伦，同学中无有及之者。长名蕴华，年十岁，次名蕴朴，年八岁；乙丑冬，相继染疫而殇。长官爱女情殷，因以四千元为之墓，于极乐寺迤东之滨江公墓内，占地九方丈，中立石碑一方，高二丈许，正面镌隶书滨江姊妹墓五大字，下部甚大，有长官之哀辞甚长，亦并刻于其上。长官每间二三日，必亲往视察一次，至则潸然泪下，哀悼愈恒，归途犹唏嘘不已。盖父母之于子女，有不可言喻之感应，想吾人均有此同情，不待不佞喋喋也。兹录出其哀辞，盖出自长官自己之手笔，吾辈读斯文者，亦当同感慨而唏嘘不置者也。

上款有滨江姊妹墓石六字。文曰：余次女蕴华，三女蕴朴，皆普育校学生也。蕴华丙辰三月十九日，酉时生于都下。越四日，余归奉，入军幕。戊午秋，边防告急，余参江省军事，兼警备总司令。六月十九日晨，赴满洲里督防。是日丑时，蕴朴生，频行抱而命名，示永诀也。边事定，翌岁转任滨江。忽忽八载，二女渐长，颇知礼仪，好读书。余归舍，如有忧色，二女辄侍侧言笑，或持书问字以解之。乙丑阳历十一月，余任特别区行政长官，时犹簪花行贺礼。曾几何时，竟相继染疫。阳历十二月三十日，蕴华殇于军医院，次日蕴朴随之而殇。时余在军戒严，深自痛心。呜呼，汝姊妹相随，未尝稍离。计归里不过数次，竟以短命，遭此不幸。汝叔来书，欲迎汝姊妹归瘗坟上。蕴华许字海城李少白梦庚旅长之长子铁根，亦来函乞骸骨。呜呼，死而有灵，可往来于天地间，否则苍烟蔓草中，荒冢垒垒者，岂止汝姊妹耶？余久寄此土，相知者众，汝姊妹又在校多学友，死于此即瘗于此，九泉相伴，无悲孤弱，每值我之相知，汝之学友，偶过汝墓，当想汝姊妹之意态而怜惜之，更何必悲远客也。蕴华十岁，蕴朴八岁，均继室施氏生。丙寅七月，并瘗于哈尔滨南岗极乐寺东公墓灵堂之右。爰立石题曰：滨江姊妹墓。且为之铭曰：十年一瞬兮骨肉悲伤，去家千里兮葬异乡。九泉相伴兮无畏狐狼，日月往来兮照大荒。片石千载草青黄，愿汝姊妹之魂魄兮，与夫地天之久长。下款为抚顺张焕相志哀，江浦陈浏书丹，金州李西上石，中华民国十六年四月二十六日。

三十七　燃料问题

滨江人口，都三十四万余，日用唯一之燃料，即专恃木桦一宗。每年皆由水陆两运，输入本埠。水路即由松花江运输者，陆运即经由东省铁路运输者。年来下江一带，林场山泽，其砍伐之量，恒远逾于新植之量，加以消费者日多，虽无求过于供之现象，但供不甚敷求，又势所必然。因之木桦市行，日趋涨高，民生前途，诚属隐忧。

盖斯地亦最特别，非若辽宁各埠，以煤及秫秸为主要燃料，至木桦则尚不得称为次要。该两项主要燃料，皆供过于求，且来源甚富，煤矿区尤为众多，转运亦颇便利。秕秸一项，其供给者，更源源不断。故终无燃料一项，单独日趋提涨之势，其涨落也，均随他种物质为转移。斯地则不然，木桴与煤消费之量，可成十之七八，与十之二三之比。盖用煤者，不过少许之油房、火磨及工厂而已，其来源或为东铁线之穆棱、札兰诺尔二处煤矿，或为辽宁日人经营之各处煤矿，然来路终不甚畅旺。至其余之商店住户、官署局所等，则其燃料，皆恃木桴一项。以滨江之大，每日通常计之，需木桴三十万斤。假令停止斯项供给，则必全数断炊，是以木桴一宗，实为滨江人民之命脉也。

考民国十二年输入埠内之木桴，为七千二百三十立方沙绳。十四年度为五百六十五立方沙绳。迨十五年度，仅为一百十九立方沙绳。然则十五年度之输入者，不过当十四年百分之二十；若与十二年度比较，则尚不及其百分之二。无他故，盖因下江一带之森林，砍伐之量，实超越于新植之量，以是桴价奇昂，而转卖者，益觉无利可图，故输入陡见减少。

据斯比例，年复一年，输入日见消减，桴价则益昂贵，未来之燃料问题，恐尤甚于今日也。若果恃天然之广漠森林，又乌克有济乎？东省虽号称天府之国，土地肥沃，特产甚多，山川广源，蕴藏最富，但亦须人力以辅之，就兹森林一项而言，长此大量砍伐，焉有不日趋减少之理？为望官府人民，合力组织大规模之林业公司，一面开发富源，一面培植富源，本"十年树木"之旨，立永远富强之基，国计民生，胥利赖之。

三十八 恶社会之蠧

繁华社会，人类良莠不齐，道外一隅，尤称为万恶之薮，有专以诱良为娼，以为其业务者。凡外来之难民，或生计日窘之家，颇易堕彼辈彀中。彼辈口蜜腹剑，专工说词，往往以笑贫不笑娼等言辞，为诱引之大前提，使良家妇女，误入歧途，伤名败节者，时有所闻，不过局外人无从调查其底蕴耳。盖道外之居民，素务正业者，固不乏其人，而营暗娼者，亦所在多有，近年来警察当局，取缔甚严。但一方因生计之逼人，一方因彼辈之勾引，故阳为良民，阴操斯业者，仍比比皆是。凡生计艰窘之妇女，被彼辈之诱引，一朝失足，便遗恨终生，中途欲自振拔，还诸清白之身，不可得矣。

彼辈往往作居间之介绍人，设有欲尝暗娼风味者，即认识若辈，便可如愿以偿。彼辈则赴操斯业者之家，召妇女三五，前来应客，以临时之阳台，作春风之一度，彼辈从中取得若干房费，然后分道扬镳，劳燕东西矣。此仅于风俗有关。

其尚有影响治安，危害社会者，尤足骇人。兹竟其辞。吉江两省，萑苻不靖，盗匪遍地，此尽人皆知者也。诸匪首等于青纱帐起之际，在各处大肆劫夺及绑票勒赎之伎；冬季则冰雪载途，不耐寒威，往往弃其业务，腰缠万金，来兹滨江，挥其孽罪之钱，逞彼禽兽之欲，多有经彼辈之介绍，与暗娼伙度，另立门户，冒称夫妇，妄报职业。苟床头金尽，则故态复萌，竟在埠内操其旧伎，此哈埠之所以冬季抢案时闻也，推原祸始，谓彼辈为恶社会之蠹，谁曰不宜。然则除恶务尽，惟仍有希诸警察当局。

三十九　妇女剪发

年来妇女剪发者，日见加多。内地之各通商大埠无论矣，就北地之滨江言，亦比比皆然。惟斯土人士，对于此点，向分二种绝对之意见，各是其是，且似乎均有相当之理由然。不佞对于本埠妇女之剪发，向无成见，今据诸友人之质问，略评数语于此，以示公开而实琐记。

夫论妇女剪发者，不外两大派别。甲方谓无知妇女，谬学时髦，以出风头，应严加取缔而挽颓风。前某某等地，尚有因此课妇女剪发税之事。乙方谓妇女剪发，于卫生、经济、观瞻诸方面，均有甚大之利益。论者各据一词，争执不下，故吾人应处折中地位，详议其利弊。盖甲方之论，过偏于固执。乙方之论，则稍重于理论。

据不佞管见，平心而论，妇女剪发，一听其便可也。官府固有维持风化之责，但剪发并不碍于风化。初东省官宪，对于斯点，取缔綦严。就埠内教育界言，剪发者不准充女教员；女生剪发者，令其停学。已剪去者，须仍行留下，未免太无道理。或谓妇女藉是以学时髦，冶容诲淫，严加取缔原不为过。曰，此实所谓片面之见也。夫剪发者，岂止娼妓与淫荡妇女。考良家女士、闺阁淑媛，剪者正大有人在，安可玉石俱焚？若谓其贞与淫，在剪发不剪发之间，实不通之论也。吾人论事，当秉良心，权其利害轻重，而后得其结论。据乙方之说，虽稍偏于理论，但亦属实情，一可省去若干梳饰之时间，二可省略不宜于卫生之油脂等物，三较轻爽，固确有其利益在焉。夫古今万事万物，罔不新陈代谢，昔日之装束，不宜于今日，昔日之陈设，不宜于今日，以及其他吾人常见之事物，比比然也。犹忆鼎革初还，国人争倡剪发之说，当时饱受大部分人士之反对，今则号称老学士之一流如何矣？故评论妇女剪发者，宜据理以绳，幸不可徒恃先入为主之观念，而定极端之论定也。

四十　混合种族

哈埠华洋杂处，特殊现象，亦五光十色，应有尽有。现有所谓混合种族者，若华人之娶俄妇女为室者颇多，但华妇女之配偶俄人者，则尚未之或闻。盖俄自革命后，赤白两党，互相仇视，甚于冰炭，现赤党掌握国中诸政，对于帝系白俄，恣情压迫，于是多远来斯土，以避其锋。但足以糊口衣食无忧者，固有人在；而为生计所逼，迫于饥寒者，亦不乏其人。是以于无可如何之下，遂不惜打破种族及国界之限制，改嫁华人，于是本埠之黄白混合家庭，因之见惯而习闻者也。盖双方亦各有利益在，于俄妇方面，既可免冻馁之忧，又足有委身之地；而华人方面，则不独领略异土风味，且又能练习俄邦语言，故虽无所谓父母之命，媒妁之言，亦确系双方之根本同意也；惟其所产生之孩童，仍酷肖其母，如皮肤之色素，毛发之卷曲，眼球之碧蓝，鼻柱之高耸等等，是亦研究人种学者之绝好资料也。其最可笑者，为华父者，尚可通晓俄国语言，而俄母则不谙华语，但所谓混合种族之儿童，皆能通悉华俄两国语言，因儿童脑筋明晰，求知性切，聪颖原属天赋，记忆是其本能，每当其母与父谈话之顷，其孩童且作为翻译员矣，是亦最有趣之现象也。但不悉床第私语，可作如何之传达耶？

四十一　俄历之歧异

中西历法，各自不同。吾国之阴历，由来已久，其历法系以月球为标准，盖月球绕地球一周，为二十九日十二小时四十四分，苟将畸零略去，可计为二十九日半。然每月分为大建三十日，小建二十九日者，盖以其半日之畸零，彼此移动故也，以此有余补彼不足，故有三十日与二十九日之别。每十二个月曰一年。

而阳历则依地球绕日以计算，地球绕日旋转一周之时间，为三百六十五日五小时四十八分四十五秒，如亦将畸零略去，则为三百六十五日，谓之一年。积四年之畸零，闰一次，计增一日。此种解释，想稍具常识者，类能道之。

惟俄国历法则不然，殊属奇特，其历法之日期，介于阴阳二历之间，迟于阳历十余日。而速于阴历十余日，如以民国十七年阳历元旦论，俄历为十二月十九日，阴历为十二月初九，各月之日差，均仿佛此。不佞初怀疑殊甚，以为依何种星球之推算，而差别若是，及询诸俄之高级社会人员。则云吾俄之历法，亦犹普通所谓之阳历也，亦系依地球绕日而算，其月份大小，平年闰年，均与阳历无异，不过迟阳历十余日耳。但如何始终迟十余日之故，则实不详悉。

不佞退而溯其原因，盖因其有溯之始，即与阳历差别，以是相沿至今，殆犹我国三代时正月之更易，如夏之正月建寅，殷则以夏之十二月为正月，其正月建丑。周以夏之十一月为正月，其正月建子。秦则建亥，汉初仍之。武帝始改用夏正，以迄于清末民国初，均如之。考俄历之起正月一日，想系于若干年前，西历之正月某日，俄则起斯日为元旦，仍迄至今。然乎否乎？姑待证实。是以本埠各印刷局所印之日历，均印有阳历、俄历、阴历三种历法，相互对照，斯亦一地方之特殊新闻也。

四十二　通晓俄语之时尚

哈埠外国人民，以俄人为最多，俄人之精通华语者，殆寥若辰星，而俄人之与华人交易等事，又极繁琐，故势非以俄语为主不可，因之华人之通晓俄语者，所在多有，尤以特别区方面为最著。盖我国之设东省特别区也，原为管理此大多数俄侨起见，故特区各官署局所，多含半俄性之现象，其机关文件，皆为华俄文字并用，而职员则除精通俄文俄语之华员外，且多有相当之俄员任事于内，此足见官厅方面注重俄文俄语之一斑。

他若各学校皆有专习俄语钟点，载在课程标准之内，每周四五点不等。至邮政、海关、电报等机关职员，其主管上司，尤特别奖励各职员学习俄语，凡职员之公余学习俄语，上峰对于其正式薪俸外，且例外补助学费若干，以冀其成就。外此东省铁路，更无论矣，完全以俄语为主，华文字不过赘疣而已，是更可见交通界注重俄语之现象。

小之若特区方面之负贩走卒，亦莫不熟谙，虽其于文法稍有错误，而当谈话之际，罔不口若悬河，流畅无比，于以知普通社会，亦呈是种现象，故久在哈埠生活者，不可不学习俄语。如不通俄语，确为缺点，通畅俄语，尤称时尚。总之，欲谋生于哈埠之人，虽无特别超人之艺能，果能熟悉俄语一项，生活问题，亦定可以无忧矣。噫！斯种现象，非所谓之变于夷而何？

四十三　私生子救养所

私生子者，繁华社会必须有之专名词也。盖浊恶社会，骄奢淫逸，无所不至，其尤足得风气之先，一误再误者，允推青年士女，往往误解自由，迷恋情网，当血气之方刚，受恶欲之冲动，荡检逾闲，自属不免，窃情偷香，又势所必然，于是陈仓秘渡，孰意珠胎暗结。但墙外有耳，难免旁观物议，师出无名，更恐亲故见责，戎马倥偬之中，又不可不虑及长治久安之策，因之中途堕胎者，固事所恒有，而临产遗弃者，又比比皆是也。惟中道殂殇，自无回天之力。然呱呱在抱者，确有避死之方。其方维何？曰：私生子之救养是也。

私生子救养所者，慈善事业之一种也。哈埠对于慈善事业之机关，向不完备，现有者，仅道外之教养院、济良所、贫民养济所等，属于慈善范围，应依次设立者尚多，但与兹繁华社会有切肤之关系，且为当务之急不容或缓者，厥为私生子救养所。凡通商大埠，对于斯种组织，绝不可缓，关系人命，至非浅鲜，且考诸史册稗乘，具证私生子多系未来之人杰，其关于国家尤为重要。以沈垣论，已于数年前正式设立，至今成绩甚佳，送入养育者，确大有人在，亦可代表社会风气之一斑矣。不佞于天气清和之际，朝暾初呈之时，例行郊外散步，每见南岗荒草深密之地，或地势陷凹处，有婴孩尸骸，破腹断臂，厥状甚惨。其中固多有良家胎儿于产生后因病而死者，但所谓之私生子，亦敢必其不能绝无，仅此南岗一隅，已常见如是，其他四郊，当亦可隅反矣。至设置与否，则惟质诸责任者。

四十四　饮料水

道外一带，地势洼下，传闻系属若干年前之松花江道，经几许之变迁，江身渐向北侧移动，或亦不为无因。以饮料水论，几完全为含杂质者，一经由地中汲出，其色甚黄，其水甚浊，故炊爨之前，必须令其自行澄清，越数小时后，则上层色素，始稍见清白，此种现象，道外大体皆然。商民对于饮料水，向不甚注意，备滤水器或用其他方法，使之滤清者厥少。惟吾人为保持公共健康，注重公众卫生起见，对于斯点，不能不稍加以研讨。

考水为人体中必需之养分，吾人身体构造之成分，大约百分之五十八为水分，因呼吸、粪便、排汗等作用，泄出之水分，为量甚巨，于是必加以适当之补充。但水向分硬、软两类，硬水含矿物质甚多，不宜于饮；软水含尘埃等杂质亦不少，尤与卫生有碍。故关于都市之地，清洁饮料水之供给，实地方市政当局重要任务之一也。

最上之策，厥推设置自来水事业。盖自来水系依人力，使水澄清，并经过一番杀菌之手续，商民饮用，非惟清洁，抑且便利。不过兴办市政，在在需款，言之匪艰，行之维艰，自来水事业，非如纸上谈兵所能举办。衡本埠市政当局之力，轻而易举者，舍凿多数之自流井外，无他策也。设置公共自流井于适当之地，择距离厕所、秽水井较远之处，用铁管深深钻入，使经多数砂层，成天然之滤水，然后吸用，方有益无害。盖饮料水一项，与住在斯地之任何个人，均有切肤之关系。不佞集兹滨江琐记，屡行喋喋，未悉市政当局，其厌闻否？

四十五　语体文之研究

语体文者，对于文言文而言者也，其利害若何，不佞实无主观之批评。现哈埠大部人士，对于斯点，颇有主张，兹归纳于次，以质正于读者，以下为批评者之见解。

考语体文之名词，盛唱于民国七八年之后，喧腾一时，举国若狂，有少数所谓之时髦新教育家，极力倡导，谓文言文为无用之体制，且佶屈聱牙，费若干之力以研讨，所得无几，又与言、语划然为二。于是言、文一致之说，甚嚣尘上。未几，由大学而中学而小学，大部崇尚语体，鄙弃文言，此一着非同小可，殆铸莫大之错，而虚糜六州之铁也。

哈埠学校甚多，统系纷杂，在十五年八月以前，尤为混乱，各自为政，不相关联。当时学校课本采用文言者，仅少数耳，其他尽采用语体。果为清白之中国话，犹可说也，乃完全为半通不通之欧化文字，非倒装句法，即语无伦次，不曰啊呀，即曰呢吗啦吧，等等字样，令人不能卒读，繁赘琐杂，早为识者所不屑道。吾人将子弟送入学校肄业，苟由初小毕业，执管作书，则草草书非驴非马之文字数十，谬谓为时髦之语体文，可概孰甚。至由高等毕业，尚不能阅普通报纸，其程度犹不及以前之初小。是种情形，想有子弟攻读于学校者，尽得悉之，并非吾辈过甚其词。嗟呼，语体文之误人，可胜言哉！然则伊谁之罪欤？等语云云。

至不佞对于言、文一致，向极赞同，不过极端采用语体，根本推翻文言之办法，则窃以为绝对不可也。尝考士之通晓文章者，令其构语体能之；反之通晓语体者，令其做文章，则实不克胜任，此理之至明者也。是故有文章之根底，然后练习语体尚可，若经史子集，半页不晓，文言文章，一篇未读，竟以语体为主，谬谓着手研究文学，恐适燕而南其辙也。不佞拙见如此，未悉高明读者，以为然否？

四十六　妇女协进会

滨江于民国十四年时，有所谓妇女协进会者，附设于道外青年会内，实为哈埠女界破天荒之组织。藉故以出风头之女士，咸乐参与之，并推某某当道之内助等，为会董、会长等名位，一面藉要人之名势以号召，一面更可资是以攀附权门，喧哄一时，颇为各界所注目，且时常开会讨论会务之进行，但局外人终不悉所讨论者为何事。所谓协进会者，更不悉有何事之可以协进。曾日月之几何，转瞬风流云散矣。今忆及之，不过为滨江舞台之一出群雌会焉。当时该协进会所协进之事件，为局外人所得闻且哄传一时者，仅一事耳，兹略述之于斯，以觇协进会会务进行之一斑。

协进会会员某女士者，系特区某校之教员也，当时某校属于某官厅管辖，某官厅对于各校职教员，考核极严，乃闻某女教员擅预外事，废弛校务，且夜不归宿，尤属非是，当饬令该校长转语某女士，令其注意，并须将外事辞却，以符职教员不准兼差之旨。某女士闻讯，竟大不以为然，且益无忌惮，遂触某官厅当事人某之怒，谓其既忝厥职，又违命令，因谕令停职。不意某女士闻停职令，当谓官厅轻视女界，不准自由，旋驰赴会所，召集紧急会议，咸谓女界将放光明之际，顿受斯种打击，若不同起响应，将何以言协进而表雌威？因提议控告某官厅之某当事者，当时全场一致，众谋佥同，遂呈文某官厅，谓钧厅某教育首领，蹂躏女权，请严加处分。孰料某官厅领袖，竟一笑置之，并未批示。协进会当又呈控某当事人于特区最高机关，并某官厅领袖亦在控诉之内。某最高当局，又以无理取闹搁置之。于是喧动一时之妇女协进会，遂无形消灭矣。然则此非一出之新剧而何？夫女子自有其本分在，原无集会之必要，且有何事项可以协进？殊令吾人百思不解焉。

四十七　女子商店

上述系妇女协进会之一幕。与妇女协进会相因而生者，厥为女子商店。哈埠向无女子商业之组织，此为破天荒之第一遭，故成立之初，各界颇表示欢迎，更庆女界从此尤可多一条谋生之路。其营业地点，在道外正阳街八道街口，名称为滨江女子美术国货商店。营业项目，分瓷器、书画、鞋帽、化妆品等部。每部有部长一人主之，营业员三四人佐之，多为县立女子高等之毕业生徒，年龄均在十六七岁以上。彼等立志固甚佳，所可惜者，资本不甚充足，营业自不易兴旺。且当事人员既乏商业学识，又少实地经验，因之支持仅周年，即宣告倒闭矣。

道外正阳街一带，雄厚资本之商店，比比皆是，以资本微鲜之营业，欲与大商店相角逐，其不失败者几稀矣。况该女子商店，售价颇昂，货样又不甚完备，是与物美价廉之旨，又相背驰，因而一般人士，多裹足不前焉。其尤为女子商店之障碍者，即为社会多数之流氓无赖等，每日拥挤其间，并不曾带分文，故意拣选品类，以双关之语，吐月旦之辞，选拣既久，则仅以货不称意数字了之。又有藉观察货品之便，而心每多在瞻望店员之颜色，以故虽终日门庭如堵，但并未售若干物品，盖皆存心参观者也。是以当兹国民教育幼稚时期，女界同胞，欲现身舞台，与男子相周旋，诚不大易也。异日教化昌明，文物大启，男女界限，不致隔阂，国民程度，日趋高尚，而后庶乎其可也。女界同胞，以为如何？

四十八　道外市政

道外市政公所，自成立迄今，将二年矣。此二年中，市政并未克十分进行，约为市民所共睹者也。惟是局外人每不悉个中真相，交相责难，致行政当局本身，亦无辞可辨。须知当局本身，亦大有不得已之苦衷在焉。截至现在止，若某某等机关场所，均未能一一依法接收，此中隐况，当不言可喻也。无他，所谓之当地绅士等之能左右之故也。兹略述滨江市政公所成立之因果，以飨阅者。

考滨江道外人口，为数已逾十万，早有设立市政机关之必要，一有筹设市政机关之呼声，地方士绅，辄从中力阻之，故迁延已久，卒未得正式成立。盖无正式市政机关，地方士绅可以任便把持地方自治事务，因而阻挠之力，继长增高。在市政公所成立之前，有所谓滨江地方马路工程局、地方卫生局等，其主持人物，即号称绅字头衔者，各自为政，各行其是。训至地方市政诸大端，应兴应革者甚多，上峰无由责成，商民啧有烦言，遂使地方之交通、卫生、工程、实业、教育、慈善等大政，永无振兴之望。

道尹蔡运升，目击斯象，以为市政机关之设，实属不容再缓，因一面请示上峰，筹设专一机关；一面疏通士绅，捐除固有意见，且许各士绅为市政评议员，得有参与政务之资格，遇有重要事项之商榷，须召集评议员解决之，以示优异。在公所成立期近，又经一番剀切疏通，于是十六年十二月一日，滨江市政公所，方敢诞生。今也如何？成立将二年，关于市政范围内应行接收者，尚未能交予清楚，事权既不克统一，又安望市政之进行耶？是种隐情，不佞不能不为读者诸群告，而为市政当局谅也。

四十九　警长之可风

晚近世风日下，道德沦丧，苟且之习，目为见惯，以宦途为尤甚，不意于兹东省特别区法界，竟得有人格高尚，毅然拒贿之警长宋盛高其人者，实可谓当世之空谷足音者矣。兹略书其经过，以为世告。

宋盛高在特区地方法院第一分庭检察所，充任警长。十六年秋某月日，奉命侦查俄侨阿家索夫杀人一案。该犯之姊侬文阔，向其行贿，共用现洋四百元及六百元支票一张，彼收受后即行报告孟检察官，当将俄妇获案，讯供属实，诉由第一分庭判决。案既确定，当由该检察所呈请司法部请奖。旋经法部呈请极峰，准给予司法部金质二等奖章，且免缴奖章费，每月另外加给饷金十六元；将该警长照片，登《司法公报》。奖章于同年十一月上旬颁到，并令地方厅检察所主任检察官，举行授予式，当于十一月十一日举行，由该主任检察官，召集各法警员役宣示一切，并宣示特区高等审判厅长之奖励文。

此外第一分庭孟检察官，上峰以为督饬有方，亦一并传令嘉奖。

夫二等金质奖章，非荐任官资格，不可得到。宋盛高以一警长，居然领得，殊属破格奖励。况《司法公报》之照片，更非法界最高领袖，不准揭登，其荣幸正大为如何耶？不佞按刑律载明，官吏于事前事后受贿，均有相当之处分，且行贿者，亦属罪在不赦。宋盛高服务法界，良心尚在，不为金钱转移，匪惟未触刑章，且蒙上峰奖慰有加，不悉世之赃官污吏，对此将作何感想耶？独怪夫当兹浊世，不佞从未闻有其他行贿与受贿者。岂行贿者，止此俄犯侬文阔？拒贿者，仅此警长宋盛高乎？抑行贿者，大有人在，局外人不得悉知；受贿者比比皆是，当事者阴谋消迹，即鬼神亦弗觉耶？不意最近滨江道外竟发生一大贿案，牵连法官数人，土豪劣绅数人，此事一时竟轰动东北，然则此等人士，对于上述之警长，能不愧死？噫！

五十　阴阳界

本埠松花江年来有"阴阳界"之称，盖江北为黑省辖地，江南为特区及吉省辖地，江北烟禁大开，江南则厉禁如故，斯以仅一江之隔，即别有天地，谓非一地方之奇闻耶？江北为黑省之松浦镇，人口不过数千，烟馆竟达二百余家，每日专恃江南大多数之瘾君子，渡江惠顾，是以横江汽船之载客，黑籍中人可占十之七八，然则君子之数，不为不多矣。

初各烟馆之设立也，仅以卖烟供顾客之吞吐为主，即所谓销毁药料之场所也。旋吸者日多，烟馆数目，亦递行增加，于是为营业竞争起见，竟有异想天开者，因之遂有女招待员之发现，多系雇用暗娼妇女，以充斯职，但初仅侍奉客人，尚符招待之名，孰意日久弊生，所谓之女招待员，竟易而为卖淫之妓女矣。客人自江南乘船赴江北，甫行下船，即有数十人，各手持广告，大声疾呼曰：某某药店，有单间，男女两便。老客匪惟过瘾，且有女招待员，尤可销魂。人声嘈杂，喧哗不已，无异各逆旅之在水陆码头接店客然。呜呼，于光天化日之下，此非怪现象而何？

近江省当局为实行真正禁烟起见，已颁明令，限五月一日，一律戒绝。然则此实人民未来之幸福，抑亦国家之幸福也。盖烟禁公开以来，非独素有深瘾者，眉飞色舞，可以狂吸无阻，即健壮青年，咸乐尝试，久而瘾成，不易戒除矣。病国弱种，无有逾于是者。其影响所及，原不待不佞赘述也。兹录松浦镇某烟馆之广告原文，吾人详揣其情形可也。至其文字通与不通，固不必论及焉，异日实行禁绝后，吾人重览斯广告而反复诵之，当觉有无穷之兴味也。

启者本禁烟药料店，开设在江省松浦镇大来街，门面三间。屋内一切器皿，非常洁净，各有单间客室，格外方便，屋内所设床榻，均用红哔叽垫子。本号为酬答吸客起见，费了数年，苦心研究，特在大连采办前清式老枪老斗，特别出奇。斗名列下：青石氏、允鸣氏、刻丝斗、寿州斗，各种前清旧式老烟斗，无一不备。烟枪名列下：水磨珠枪、梅片珠枪、乌木枪。烟灯均是胶州灯，烟签子均用张泮签子。所用男女招待员，均非常殷勤，侍候周道，管保客人畅怀愉快。所用烟具，均系上等器皿，绝无谎言，诸君不信，一试便知言之不谬也。

不佞敢问读者诸君，阅毕斯种广告，将作如何之感想耶？

五十一　半官式商业机关

人贵晓其自己所处之地位，及应尽之责任，无论操何种业务，决不可忘却本身，恣情胡为，否则，鲜有不偾事者。窃尝考查哈埠诸半官式商业机关，若交通范围内之路、电、邮、航各局，以及银行、银号各职员，其傲睨客人，妄自尊大之习，由来已属见惯。

夫上述各场所，无一不为商业机关，不过略具半官式而已。既为商业机关，即应以经商手段以营业。奈素识大体者，不可多得；其下级职员等，忘却本身；不明世故者，实比比尽是。往往自恃半官式之组织，并恃非此不可之专利营业，对于顾主时常口出不逊，恣意揶揄，尤以各银行、银号、邮局等为最著。客人对彼辈言语，破题第一句，除称为先生外，且须卑躬折节，低首下心，和颜悦色，以与彼辈讲话，否则，彼辈即佯作不理，任凭客人如何甜言蜜语，非待其气顺，决不作商业行为。尤甚者，彼辈遇衣服粗陋之人，若劳工苦力等，尚肆意呵斥，任便辱骂，而顾主尚须俯首帖耳，安然受之，盖不然则不能偿此行之目的。嗟呼，此岂仅哈埠之特殊现象耶？言之曷胜浩叹。独怪夫各银行、银号之营业广告，登载于新闻纸者，经年不绝，其广告等均谦抑逾恒，且语尾尤同具如蒙惠顾，无任欢迎字样，于以知所谓欢迎者，即上述之现象也。

其最足令人发指者，若银行团汇兑事务所之兑换国币也，尤属怪现象已极。考哈大洋名为国币，实则兑换率有限，此尽人皆知者也。凡兑换者多为劳工苦役人等，经几许血汗所得，始蓄积少数纸币，须备关内火车通票，方得持往兑换十数元之银饼。鸡鸣即须前去排班，以冀捷足或能先登，孰意日将正午，始宣告开业。以哈洋与银元相距之值甚遥，故争欲换得，以实囊还乡，拥挤之现象，遂因之以生。乃半官式下级职员及护勇等，不明大体用棍棒皮带等物，任意打击，且斥骂之声，不绝于口，受伤者只得听之而已，盖因无处可诉冤屈，无地可讲公理，故斯种现象，常触于吾人之目。噫嘻，天下事尚有甚于此者，又岂独哈埠斯种现象为然耶？然则半官式商业机关，尤其小焉者也。

五十二　伶人之收入

伶人之收入，诚堪惊人，盖相沿已非一日矣。考伶人之成名也，亦正自不易，其恃天赋遗传者半，得自于后天师傅者亦半，因之其稍负盛名者，收入均颇不弱。以鼎革初元之堂会论，大名鼎鼎之谭鑫培，即须百金。陈德霖、黄润甫诸老伶工，及梅兰芳辈，亦须二十金以上。今日视之，固甚低廉，然以当日之物价生活程度计之，则亦称不薄矣。迨老谭晚年，不常出演，每隔数月，方登台一次，且止演三四日即辍，每剧代价，竟至四百金，果演《碰碑》尤须五百金。今者梅兰芳亦须八九百金不等，自定有堂会价目表，若书画家之润格然。他若余叔岩、杨小楼等，亦索价甚昂。夫一剧之代价，竟达数百金以至千金，言之殊堪惊人，惟此系属著名伶人之堂会价值。

小之若各埠舞台之号称二三台柱者，其每月之包银，非独荐任官之薪俸弗逮远甚，即号称堂堂厅道之简任大员亦往往不及之，仅特任官吏始足与其相比拟。兹以哈埠论，歌舞之盛，称雄关外，若高百岁、杨瑞亭、小翠花、马德成、赵松樵、花美兰、小宝义、杜文林、新黛玉等，其包银均在八百金以迄三千金之间。即前在庆丰茶园演洛子之金灵芝，亦在千元以上。现在演洛子之李金顺，则又驾金伶而上，每月竟达二千余金。哈埠生活程度，虽属较高，但是等价值，实不可多得，匪惟观剧中无其人，即官吏中亦称寥寥，惟伶人之收入虽多，但以艺起家营产者，恐百无一二焉。以老谭言之，生平收入之巨，为空前所未有，而未尝有几许积蓄。盖每因来之易，而去之亦易故也。不佞闻诸每月收入可九百金之伶人言曰：吾每日收入达三十金，每日演剧两出，每出以一小时之时间，得金十五，何等容易，故挥霍之亦无难色。然则伶人之心理，可以推及矣。嗟呼，悖入悖出，固属定理。然伶人之收入，殆亦悖入者耶。夫伶人以自身之劳役，得相当之报酬，恣情挥霍，犹了无吝色。世之袭父兄余业，不肖之子弟，坐享其富，又安望其不挥金如土哉？噫！

五十三　坤伶之身价

伶与妓之身价，无固定之标准，普通以其色艺与所处之地位而别高下。通常为一妓赎身，尚须数千，惟伶人则奇昂。盖社会普通心理，目坤伶较目妓女稍高然，况民国以还，万民平等，伶人以末流贱质，亦得跻于理社会教育人员之林，坤伶虽不尽白玉无瑕，但与操皮肉生涯为众矢之的之妓女相较，犹能略高一筹，于是坤伶与妓女之身份，遂日益差别矣。

某前豫督办之纳坤伶碧云霞也，身价为国币五万八千元，吾人骤闻之下，能不奇其昂哉？但未几碧云霞，竟潜逃沪上，某督办未免人财两空。前本埠已故之某局长，纳坤伶花玉莲，为哈币一万八千元，以花伶之年齿姿态，闻之者莫不惊其昂贵。最近在大舞台献技之花旦雪艳琴，身价为一万七千元银元，嫁于某公子。以雪伶与花伶相较，则花伶诚弗逮远甚。

孰意尤有特等价值更昂于此者，若前在本埠演青衣花旦之坤伶胡绛秋者，即其人也。绛秋花容月貌，娇小玲珑，风度超群，秀外慧中，前途正未可量，其在道里大新舞台之时，某外县税局长某，涎其色艺，欲以六万哈币之代价，纳为簉室，藏诸金屋；绛秋之父，则倚其女为一生之摇钱树，故迄未应允，因索九万元以难某局长，于是某局长之藏娇梦，因成泡影矣。某局长坐拥多金，固应悖入而悖出，但绛秋之玉体，未免过昂焉。不佞反复思之，九万元尚不可谓为昂贵，苟其标值为二三百元，恐争夺之者，大有人在，想贫贱如不佞者，或亦有一线希望，又安能待字直迄今日哉？当日埠内新闻纸，亦有载此事者，谅非无稽之谈也。

五十四　衣服之重要

衣服为吾人之门面，决不可忽略者也，况繁华社会，人俗眼俗，观人每重皮相，取士不论文章，纵文人名士，布衣便服，谦谨过市，常人必以白眼加之，若衣服丽都，即无赖游民，市侩胥役，横行市街，行人又自然恭而敬之。甚矣哉，衣服之转移吾人，有如是耶。

本埠荟芳里三等各班，其各龟奴等，安分营业不重皮相者，固有其人，然恃众蛮横者，亦比比皆是。游逛三等之客人，时遭彼辈聚殴，以寻乐而来，竟索然以去，未免冤屈。盖游三等娼窑者，多为下等工商及乡愚等，衣服既不华丽，态度又极张皇，多抱不费分文，走马可以观花之旨，以攫乐趣，且恃客人之身份，呼唤呵责。然众龟等向为势利绸缎眼，一遇此类客人，已先寓不满意之主见，故彼辈恃众殴客之事，时有所闻。惟衣服华丽者，一入其门，则皆笑而迎之，且招待惟恐不周，易使客人责难，曲尽侍奉谄媚之术，此最堪痛恨者也。繁华社会，斯种现象，触目尽是，此不过其最明显者焉。

他若舟车也、逆旅也、游步名园胜景也、娱情歌馆楼台也，酒囊饭袋徒具其表者，目为佳宾，反之不得其选焉。虽然，世之具势利绸缎眼者，大千人海，攘攘皆是，岂独茶壶等之俗目为然耶？是故士君子之怀瑾握瑜，每不见重于当世者，亦必然之理也，又乌乎尤哉。

五十五　如是我闻

繁华社会，无奇不有，前已屡言之矣。果欲详述靡遗，非著专书，终觉挂一漏万。至本章所述各则，其范围仅限于前七章所不能容纳者，择其风俗人情，奇闻壮观，有足录之价值，且本俗不伤雅之旨，因别为六十则，拉杂记之。其关于淫邪之迹，概在屏弃之列，想高明读者，或能谅其苦衷也。惟是善善恶恶，人有同情，不得已于言者，又不能不言，此又不能不为读者告也。

　　慨自欧风东渐，新说勃兴，青年士女，争唱自由，无知之徒，侈谈恋爱，流风所及，莫可遏止。据闻比年以来，本埠各逆旅，时有青年男女，约属智识阶级者，每于深夜投宿，值登录店簿时，不曰兄妹，即云弟姊，明眼人固一望可知为私男女也。各旅舍店役等，原皆无赖之流，苟值该投宿者就寝之后，彼辈多穴孔以内窥，个中情形，自毋庸赘述。

　　此种现象，以寒暑假中为尤多，其最足骇人听闻，罪更过于知法犯法者，厥为现任教育人员之秽迹恶闻。夫教育事业，何等神圣，办教育者，学问不惟渊博，品格尤贵高尚。年来相传某某等校，两性间竟由恋爱而成真个；更进一步言之，竟有珠胎暗结，昭昭在人耳目者，谓非特殊之奇闻耶。果青年男女，血气未定，荡检逾闲，犹可说也；乃堂堂师表，以教育行政人员之资格，而有此不齿人类之行为，谓为名教之罪人，衣冠之禽兽，谁曰不宜？斯等事不佞原不欲笔之于书，昭告有众，第因风化攸关，负其责者，不能不严加取缔，以挽颓风。至其详不尽得知，但众口一词，传闻如是，确非空中楼阁，故题曰《如是我闻》也。

五十六　茶壶之威风

　　外表不足衡人，已详前则，兹再述一事，亦有可足录处。某月日，本埠荟芳里，某妓馆茶壶某甲，衣锦而出。丽都有逾富家子，行至十六道街某处，不知因何，竟与行路者冲突，且已动武。时警察距离仅咫尺，理应前去排解，乃秉公以判。孰意某茶壶不惟不服警察之排解，且大骂不休，盛怒之下，势将殴警。该警察恐系机关人员，或直属上峰，遂逡巡不敢再置一词，只得任其谩骂而已。岂知天下事报应不爽，理无二致，斯时适有路人某乙，识彼为圈里茶壶，因语警察曰：彼为荟芳里某班之茶壶，汝何乃惧彼之甚耶？警察遂抖起精神，而正式干涉。于是适间蛮横谩骂之茶壶，顿汗流浃背，惶恐不已，哀求免罪。警察遂带赴警所，按违警罪，依律课罚矣。不佞将此事编入本琐记之内，原无何意味，不过希读者诸君，知繁华社会，无色不有，此仅其一斑焉。

他若各机关之差役及地方无赖等，每自恃衣冠华丽，洋洋得意于街巷间，不知者咸易疑为高级社会人员，于娱乐场所，尤为彼辈吐气之地。观剧可以冒充官人，不纳戏资；乘车可以任便强横，少付车费，等等事项，不一而足。其甚者，更有扬言某当道为其假父，某要人为其姊夫，到处骗诈，倚势凌人，恃衣服华丽为假面具，仗权门显宦为护身符，至其真实与否，旁观者尤无从识辨。嗟呼，浊恶社会，谓为无奇不有，岂虚语哉。夫世之蒙假面具以欺人者，滔滔者皆是也。然则吾复何言？

五十七　盗患

哈埠自开辟以来，即为各色人等聚集之地。人类良莠不齐，杀人越货之事，几属见惯。惟彼时军警等机关，尚未能逐次设立，固无怪乎盗匪之横行也。十余年来，正式军警机关，已先后成立，而匪氛并未稍杀，迩年来拦路截夺，绑票勒赎，及闯入宅第，强索钱款等，骇人听闻。危害安宁诸现象，时有所闻，地方军警当局，虽缉捕甚严，而彼大盗巨憝，仍毫无忌惮，依然逞凶。故埠内富绅大贾，均心怀惴惴，雇本身护勇者有之，请设志愿岗警保卫门户者有之，防卫惟恐不周，戒备惟恐不力。于是繁华叫嚣之滨江，渐变而为恐怖之世界矣。于光天化日之下，军警林立之中，竟屡次发现此骇人之现象，言之能不慨然？

此间人士遂多疑云疑雨，或谓军警防卫不周，或谓缉捕不力，盖皆片面之虚谈也。所谓防卫，究应如何？所谓缉捕，究应如何？分析言之，有谓客舍旅邸，宜逐日清查？娼窑淫窟，宜随时注意。有谓警察岗位，距离太远；军队分配，布置欠周。斯种言辞，几常触于吾人之耳鼓。

总上言之，均非彻底之办法。然则其根本之办法为何？曰彻底清查户口是也。果户口不能根本清查，盗案当日增一日，地方绝不得安静。兹略申其说，哈埠为繁华之市场，奢靡淫逸，无所不至。五方聚处，品类尤杂。谓为销金之窟，万恶之薮，良非虚语，各方盗匪，恒辇金来斯土，挥其积孽之钱。每多经中人介绍，与暗娼伙度，冒称夫妇，妄报职业；暗娼利其多金，故欣然相就。盗匪免住逆旅，更避耳目孔多，一旦床头金尽，则故态复萌，此其一种。又有游民无赖等，素无正当职业，既无相当生产之术，又为环境所迫，繁华社会，消费正多，每易铤而走险，此又其一。苟某处发生盗案，登时军警密布，分途追缉，孰知黄鹤已杳，无从捉凶，盖就近早已潜逃至藏身处矣。故清查户口一事，实责任当局所最应注意者，对于行踪无定，出入可疑之人，及素无正当职业，而衣着阔绰，消费浩繁者，当盘查綦详，果属不良分子，应即分别取缔或驱逐出境，免伏祸根。

惟哈埠行政区划，向别为特区及吉省二部，假如各自为政，不相关联，则其结果仍属毫无。何则？盖道外驱逐者，可以移居特区；特区驱逐者，又可以移住道外。或住居道外者，赴特区境内强抢；住居特区内者，赴道外强抢。故对于清查户口之事，非特区与道外行政当局，通力合作不为功。

哈埠盗区，并不限于华人，特区界内，每有盗案发生，率多为俄匪所为，故特区方面，对于俄侨之户籍，尤应特别注意。至所谓之暗娼，原不止于道外，俄人之淫风，并不下于华人，素无正当职业之俄人，每与姘妇伙度。盖斯种情形，大体皆同。

故不佞敢言欲根本清绝哈埠盗匪，非彻查户口不为功。欲彻查户口，对于取缔暗娼一事，尤为先决问题，此为惟上之根本办法。至设卡防堵，与严查娼、窑旅店等，固属必不可少之办法，但皆形式上之治标政策，非治本者也。

五十八　火灾

繁华都市，尺土寸金，地价飞腾，日甚一日，于是诸大资本家、企业家，多争购地基，建筑房舍。盖都市之房宇代价，远胜于各大地主之土地价值；房屋年复一年之涨率，又远过于土地之涨率，故虽尺寸之地，亦必不使其空旷，所谓都市之地，不得见草青青者，职是故也。斯以废地渐行建筑屋宇，已渐筑者，无面积之可扩张，因又多向空间伸张体积。曾几何时，宏壮楼宇，触目尽是矣。各大房产家于建筑房舍时，只知一味扩张，多赁租一间，即可多得若干之利益。决不依建筑学之原理以筑之，街坊市巷，房壁相连，庭院之面积，每多不及房屋地基面积之宽广。

对于防火一事，向不注意，更无所谓火道之名词，一有火灾，非惟物品不得运出，即室内之人，亦往往不能逃脱，死于非命，且甲户失火，乙丙等毗连之家，又皆遭池鱼之殃，言之殊令吾人惋惜不置。消防人员，虽风驰电掣而来，但多无能为役，水车机车，每皆不能开至火焰飞腾之地，祝融氏乃得大肆其威，故本埠每一失慎，损失浩大。推原祸始，皆房产家之不谙建筑学理，只知一味牟利，谓为祸魁，自属允当。

考都市关于建筑兴革，其市政当局，均有审查之权限。各商户欲建筑某种式样，例须事先呈明市政当局，俟批准后，方得着手兴修。此种意义，原所以保卫市民之生命财产，及维护公众安宁者也。今道外市政机关，早已成立，果能认真施行职权，限制建筑，未始非市民之福也。

五十九　东路华俄人员之数目

东省铁路，现虽名曰中俄合办，实则双方人员之比例，并非平均。自一九二一年后，苏联代帝俄接管以来，双方即有明文，华俄人员，务须平均任用，但实际并未履行。近我方本此原则，曾一再力争，始得加入一部分华员，不过出缺较多时，因我方之争持，不得不畀以下级位置。若办事员、练习站务员、翻译等名目，以搪塞而已，实则与人员平均原则，尚不相符。

据最近之调查，东路全部人员，总数为二万八千余人，就中在本局服务者，为二千三百余名，沿线共为二万五千余名。苏俄国籍者占百分之五十强，纯粹华员占百分之三十五，白俄职工占百分之七，入苏俄国籍尚未发给凭照者，占百分之八。俄方现极力抑制其他色彩者，果将来此百分之八，取得苏俄入籍凭照后，是赤色人员，已占百分之六十矣。

依薪金之标准言，俄员月薪在四五百元以上者，统计一千余名，而华员则止三十余人；俄员月薪在百元以上者，占百分之七十，华员则百分之二十而已。盖重要位置，几悉属俄人。上述百分之三十五华员中，下级职员，竟占七分之五；至高级职员，不过仅七分之二。

以全部人员事务之分配言，固定人员为一万二千五百余名，临时员工为三千七百余人，日薪员工为一万二千余名。中国籍者，几尽为下级职工，仅日薪者，竟占八千余名。至苏俄人员，则多系固定位置，且大部为较高级者。以薪俸论，苏联独占十之七，华员不过十之二五。

此外服务于本局之二千三百人员中，苏联籍者竟达一千七百名，华籍及其他不过六百名，仅居苏俄三之一。

总上以观，东路全部华员，虽号百分之三十五，实则过半数为下级人员。然则中俄人员，何尝真正平均也。

六十　兴奋剂之畅销

繁华都市，奢靡淫逸，无所不至，前已屡言之矣。风俗之坏，日甚一日，而淫风之炽，尤非笔墨所能形容。盖浊恶社会，大抵如是，原不止此间为然也。际兹江河日下之候，吾人方挽救之不暇，孰意尚有助长此恶社会之淫风者，谓非特殊之现象耶。试叩其名，曰：兴奋剂是也。

哈埠市房，出售关于是类之药品，可近百种，但皆美其名曰补丸、或曰健脑药片、或曰理肾灵丹。其甚者，竟有曰返老还童神制秘药。有曰益寿延年仙藏天丹，名称新颖，实难馨述。甲訾乙为春丸，乙诋甲为淫药，互相攻讦，各企畅销，吾人果尽名之曰兴奋剂，自属相符。以哈埠全市论，每年统计销售是剂之代价，为国币八十万元，其销量之大，诚堪惊人。或谓哈埠市民，殆皆孱羸，不能振拔者耶。曰：虽不尽然，实则大体皆然。

兹试研讨其畅销之原因，以人类之天性言，所谓食色性也，世人岂有与斯二要件相违反者？药商以投机之性质，助其身心之快愉，且适以顺应其天性，此其畅销之主要原因也。分析言之，以人民之年龄言，老者率皆无能，少者大多纵欲。以社会之阶级言，高者尽蓄媵妾，中者尤喜宿娼。种种原因，不一而足。是以十丈软红，无异温柔之乡；大千芸攘，尽游高唐之客。然则兴奋剂之销路益畅，无待卜矣。

不佞读书有限，不敢言文，平日不尚锻炼，身躯尤极衰弱。今仅草成十万余字，已心力交瘁。兹者本书正文，即宣布告终。俟试服兴奋品若干剂后，果能精神振作，尚堪一显身手，当再作续《滨江尘嚣录》，以飨阅者。

188~209

附　录

附录一 游览滨江指南

一 适宜之时期

凡旅行家每于拟定游览某地之初，必事先探询游览该地最相宜之时期。盖巡方览胜者，咸以将一地方之大观，尽行罗入脑海，方觉无憾。果不悉其相当时期，突然而来，非特虚耗旅费，抑且徒劳往返，一无所得，怅然而归，此时期问题之所以应首先提出者也。

游览滨江最适宜之期，当在阴历五六七八之四月期内。盖滨江位于北纬四十五度以北，每年寒期颇长，着棉衣之期，在全年二分之一以上，即阴历正二三九十十一十二各月；着夹衣之期，仅为四八两月。上述之期，适当着单衣之季候，且本书所述之各游览及娱乐场所，亦均可如愿以偿。否则，非遇大江封冻，即值各游览娱乐等场所停闭，景色萧条，一无可观，是以游览斯地之唯一适当时期，即为暑天。

二 途中须知

哈埠四通八达，水陆两运，交称便利。沿松花江上下游搭轮船来哈者，需间数日始有开抵哈埠之轮只，轮船行动濡滞，且沿途城市停站之时间亦甚长。故以黑河论，抵哈须十五日，惟乘费尚颇低廉。盖轮船之乘费，皆较火车为廉。原不止此间为然也。计由黑河至哈埠，三等为哈币十三元，瑗珲为十二元九角，同江七元九角，富锦七元一角，佳木斯五元一角，三姓三元九角，依汉通二元九角，木兰县一元八角，虎林为十三元五角，伯力为九元四角，大赉四元一角，肇州三元，扶余五元一角，以上为三等价目。头等加二倍，二等加一倍，特别三等加半倍。各轮抵哈，均停泊于江心，静候税关检验，是否携带违禁物品，及有否类似传染病症之人，检查既毕，然后该轮方可驶至岸边停泊，以下客卸货。

由陆路来哈者，可分为三路。东路由绥芬河至哈，每日有头二三等列车一次，附挂食堂、睡车。头等车费为哈币三十三元六角，二等为二十一元五角，三等为十二元六角五分。睡车费头等外加四元八角，二等三元二角，三等二元一角。需时二十二个钟头。每间日有四等车一次，即普通所谓之小票车，车费为八元四角，其列车无睡车，无饭车，均系铁篷货车改造，只有二门，无厕所，乘坐者均系下等社会之人。由绥至哈埠，需一整昼夜。

西路由满洲里至哈，每日有头二三等列车一次，该车为满绥间直达列车，附挂睡车、饭车，头等车费为哈币五十五元，二等三十四元五角，三等二十元〇九角五分。睡车加价，头等为六元四角，二等四元八角，三等三元二角。需时一整昼夜，由满至哈为华里一千七百里。由哈至绥为一千二百里，其列车驶行时间，几均为一昼夜。盖因西路地势平坦，仅兴安岭附近数百里内有山岭，其余路程，皆为坦途，列车驶行颇速，每小时可行九十华里。

东路则不然，自阿什河迄绥芬河之一千一百二十里，间尽属高山峻岭，地势起伏无定，且皆须围绕山峰，有时竟盘桓至半山之上，俯视万丈，令人悚惧，故车行濡滞，每小时只驶六十余里。沿途景色颇佳，树木丛密，因之每年照例，列车必被土匪劫夺一二次，是以东路可称为危险地带，旅行者务祈谨慎。

此外由满洲里至海参崴，每周有直达国际列车，往返各三次，需时仅三十一个钟头，挂有头二三等睡车及饭车，并不加价。

至南路由长春抵哈，每日有头二三等列车，往返各三次，四等车往返各一次。除四等外，多挂有饭车及睡车。头等车费，为十五元三角，二等九元五角，三等五元七角，四等三元七角。头等睡车费，为六元四角，二等四元三角，三等一元〇五分，需时八个钟头。

东省铁路驶行之头二三等睡车及饭车，均为法商万国车票公司所有，并非属于本路，睡车、饭车，均装设华丽，旅行者绝不致感若何苦恼。

饭车饭式，均为西餐。正午十二时至下午四时间，专备套饭，即一菜一汤，仅需哈币八角五分。在斯时间以外，则需另做，每菜约需一元以上，似觉昂贵耳。至在饭车饮茶，则每杯一角五分。

东省铁路限制旅客携带行李之规则颇严，每人只准带十六又十分之四公斤，合二十八华斤，超过斯限，即需加费。又邮便之费，尤昂于其地各路。

惟东路司机者，均具多年经验，列车开驶及抵站，速度均递加递减，客人绝不致重心顿失，以致颠仆；非若我国有其他各路之司机者，任意独行，列车驶停，客人时有撞头倒仆等现象。

南路列车，每日往返虽各四次，但乘客尤拥挤不堪。盖南路非惟内地之人，来往不绝，且为欧亚陆路交通之孔道，故列车次数虽多，犹有求过于供之势。

惟客人所宜特别注意者，即长春军警稽查处之检验，东路车自长春开驶之前，客人均登车之后，该稽查处之人员，即开始登车检验。其稽查官佐等，尚识大体；至各兵士则皆不学无术，对于客人，时有不当之言语，恣情揶揄，使当之者觉难堪已极，但彼辈蛮野殊甚，故客人只得敢怒而不敢言。至其检验方法，尤属奇特。凡客人之行李柳包等物，均须解开，将物品一一移过，使彼辈尽悉，然后再令捆缚如故；果客人稍有迟慢，彼辈每骤用利刃，将捆绳乱刀割断，使客人无法再行续捆。夫客人孰能携带若干绳索，以奔驰长途。此种恶劣检查，行旅多苦之，亦同为痛心者也。尤有甚者，果遇妇女于车中，则彼辈故意盘诘，且藉口搜查烟土，令将长衣钮扣解开，任意抚摩。否则，必曰有夹带，以三四等车中为最甚。然彼辈亦知高低，如经过一二等车，则逡巡而去，其本色一无表现。此项检验，凡来哈诸君，皆应特别注意者也。斯种现象，未悉吉林军署，有所闻否？始亦下情不克上达耶。

三　抵哈埠雇车投店之注意

下车后由月台之便门，鱼贯而出，本埠各大客栈旅馆之接站人，均鹄立于该门两侧，大呼其本栈之名称。客人初次来哈，原未拟定投宿某店者，不妨临时接洽，询明食宿等费。至所谓之野鸡房等名词，现已不可复得矣，此点毋庸忧虑。盖各逆旅之价值，皆有一定，并不敢额外勒索。

客人之携带物品甚少者，若手提包等轻便物，果赴道里、马家沟、西八杂市铁路局附近，可乘坐电车，其费极廉，只需哈洋五分，或一角。如乘大汽车亦可，至道外正阳街西口为一角，至道里亦一角，至香坊为一角五分。但大汽车均系固定路线，往往不能直接至客人之目的地。

苟物品较多，若柳包、行李及其他等件，需雇用小汽车，其速度甚快，无一定之路线，埠内各市街僻巷，均可达到。其价值需客人与司机者临时议定，大约由车站至道外八站需洋四角，至正阳街西口约五角，至傅家甸各街需洋一元，至四家子需一元五角，至道里需五角，至秦家岗各街亦需五角，至东西马家沟需一元，惟此系指包车而言。果非包车，则与大汽车同价值，但路线系属固定耳。

如乘马车，则均需二角起码，至上述各地，稍廉于小汽车。诸车夫等，每多欺诈乘客，额外浮索，且巧立名目，不曰车底钱二角，即曰马路费三角，希旅行者勿为所骗，应特别注意。人力车则又低于马车。斗子车最为低廉，至上述各地，至多不过三角。

至本埠各逆旅以八站西门脸一带为最多，散漫于各处者，亦复不少。道外最大之旅馆，应首推新世界，在道外正阳十六道街口。道里以马迭尔、北京、上海等饭店为著，在中央大街。其他若道外许公路之福顺、天泰、悦来、裕长、东发合、东永茂及道外三道街之新旅社等，均颇著名。

四　各逆旅之价值及规章

各逆旅之内部不同，故其价值亦异。新世界、马迭尔等饭店，价值最高，每日每间之价目，通常由二元迄十五元不等，长期另议。以道外新世界论，共计三层楼房，每层均有套间、单间，二层为饭店，三层为旅社。各卧室内之陈设，应有尽有，衣橱柜、办公桌、汽床、软椅、妆台、卧床、窗纱、被褥等，概用西法布置。并设有男女浴室及理发室等。客人食宿于斯处者，颇称便利。马迭尔饭店，尤高新世界一筹。新旅社等房间，亦分为数等。

至其他大部分普通客店则有固定之价目表，各家一律，不得歧异。每日用饭店资一元八角，午尖一元二角，早尖一元。大包房干房每日三元五角，小包房干房每日二元五角，单间干房每日每人一元二角；大屋干房每人每日七角，临时茶尖，每人四角，每三日算清店账一次。此外有较小之客寓，每日饭费在内，不过一元，干房仅三四角不等。

客人无论投何逆旅，均须遵守固定之规章。凡携带公文护照，金银财宝，贵重物品等，均须交柜，否则，丢失概不赔偿。他若鸦片赌博，及招引娼妓同居，或携带军械，或其他违禁物品，及其他违警事件，均一律禁止。但此系形式上之限制，实则有干例禁之事项，客店无不违犯，不佞未便多言也。俗云：店大压客，客大压店二语，旅行者不可不注意也。盖客人衣冠之阔绰与否，行装如何，仆从如何，在在使店主及店役等，有主观之观念；果衣服褴褛者，自恃金钱充足，投于不称其身份之客舍，鲜不遭店役等之轻视者。虽然，店役等眼光如豆，每以皮毛衡人，此其所以谓为下级社会之人者也。

五 一周间之游览滨江日程

凡旅行者，每至一埠，果对于其当地之情形，不甚了了，往往茫然，大有头头是路之势，每不得其要领，耗费颇巨，遗憾殊多。兹为便利起见，拟定于一周内游览此地之日程，以为巡方览胜者助。

第一日昼间，宜游览道外各市街，东迄道外公园止，以正阳大街为主，其次各街副之。道外属于吉林省行政范围，人烟稠密，街市纵横，建筑华丽，商店栉比。夜间游道外荟芳里一带，灯火楼台，笙歌鼎沸，一临其境，几忘却人世间尚有饥馑事，故为哈埠最大销金之窟。

第二日游览道外江干，乘小汽船或小船，作松花江游，渡江而北，抵松浦镇，参观呼海铁路工程，及该镇街市商店等。

第三日由道外江岸，乘小船赴太阳岛，然后乘舟返南岸之道里江干，游览道里公园及新城、中央等大街。

第四日游览秦家岗，参观哈尔滨总车站及电车工程等。凡特区各主要衙署，若长官公署、督办公署、护路军总司令部、地亩局、教育厅、路警处、长绥司令部、十八旅司令部、东铁管理局、东省铁路公司、特别区高等法院、滨江关税务司等，均在焉。

第五日游览东西马家沟等区。是日行程，虽无特殊触目之景象，但亦不无可观处；夜间可至道外大舞台或新舞台观剧，盖关外歌舞之盛，首推此地，故来哈者不可不一观也。

第六日乘大汽车赴香坊游览，并及遁园，归途经由马家沟，参观竞马场，及其他胜迹。

第七日游览八站区，各油房、火磨等多在斯区，机声轧轧，不绝于耳；沿许公路而南，参观许公纪念碑；转向东参观极乐寺、滨江公墓、滨江姊妹墓、俄人公墓；再转向南，参观文庙。

此七日间，虽未能将兹花花世界之哈尔滨，概览无余，然于哈埠之大观，尚无甚遗漏之处。至一切详细情形，仍希读者诸君，参阅本书各章所述者，互为考证可也。

附录二　松浦镇视察记

一　现在之情形

松浦镇又名松北镇，俗名马家船口。与哈尔滨道外，隔江相望，其间距离仅八里，适为江水最阔之处。初属黑龙江省呼兰县，及黑省当局设立松浦市政局后，遂由该局管理，直辖于省署。民国十五年前，该地不过茅舍十数椽而已，自呼海铁路兴修后，以斯地为起点，益以烟禁大开，该镇遂陡行发达，抢报街基者，大有人在，今则房舍稍见齐整，但兴松浦市政所拟定之计划相较，则已建筑之房舍，不过当其十八分之一耳。

新建筑之房舍，约三千余间，皆用红砖，均属西式，极为简略，其租金较江南之道外尚昂。各街市稍具雏形，概为土路，现已建筑房舍之地基面积，约五方里，仅兴隆街南端之一部分，松滨街之一部，海伦、大赉、嫩江、绥化等街之一端。

有居民五百余户，约计三千二百余人。此五百余户中，业烟馆者占三分之一，约一百七十余家；其次客栈、伙房、小店等，约四十余家；其他商店等，计三十余家；纯粹之居民，约二百余户。

各大烟馆每日之顾客，大部分为江南哈尔滨之瘾君子。盖江南江北虽一水之隔，江南则厉禁如故，江北则烟禁大开。平均每日每家，收入可四十余元。吾人一入其室，见夫黑籍中人，错杂枕卧，一灯荧然，无异阴府，此实特殊之现象也。关外春秋，不意留此一段佳话焉？迄本年五月一日，江省当局，始正式下令禁绝。于是昔日每间租价四五十元之房舍，顿落至四五元，犹无人过问，其衰凋现象，有同灾后余生。

现有之机关，为松浦市政局、马家船口税捐征收局等，至呼海铁路工程局则尚在北十里外之松浦总站。交通机关有松浦邮局、松浦电报局、马船口车站等。电灯所用之灯，归呼兰制糖厂发送。电话则为呼海铁路局所安置，但仅官署局所已安设，系属公用性质。学校有松浦第一小学校，及务本女子小学校二处。第一校有学生四十余人，务本则仅二十余人。消遣场所有舞台一处，已久不演戏。娼妓有三十余人，其丑陋状态，实属不堪已极。依现在之局势测之，将来该镇之发展与否，殊未敢逆料也。

二　未来之计划

依松浦市政局街基计划图测之，诚所谓大计划焉。其拟定之面积，为南北十里，东西七里，东南西北最长处，可十五里。以兴隆街为主，中心为中央公园。北端即为今之松浦总站，南端止于江干。苗圃一、小公园一、大园林二、广场十九、纵街四十二、斜街四十二、横街三十二。东南界止于糖厂，西紧连于特别区地界，西北至东省铁路庙台站之北二里，北以东省铁路之松北支路为界。

今已拟定者，兴隆街之街基为二百五十六号，海伦街为二百四十一号，大赉街二百二十二号，嫩江街二百二十五号，绥化街二百十九号，木兰街一百八十五号，肇州街一百六十二号，胪滨街一百五十九号，安达街一百六十四号，辽源街一百三十一号，抚松街五十五号，工场街六十三号，仓库街一百四十七号，通北街一百五十一号，蒙江街一百二十四号，磐石街一百十七号，同宾街一百十一号，宁安街八十七号，东宁街七十号，敦化街七十号，额穆街七十号，汪清街六十四号，同江街五十五号，宝清街四十五号，穆棱街三十六号，绥远街二十七号，东丰街十五号，台安街九号，巴彦街二百三十四号，肇东街一百九十八号，望奎街一百八十八号，克山街一百六十七号，呼兰街一百三十四号，卜奎街一百三十号，松北大街六十四号，云台路八号，沧州街四十三号，唐山街六十四号，河间街五十七号，大名街四十三号，巨鹿街三十九号，冀州街二十八号，宣化街三十二号，涿州街四十二号，良乡街二十三号，大兴街二十六号。荣州街二十四号，乐亭街二十二号。昌黎街十七号，宛平街十二号，清苑街八号，水和街二十号，大宁街四十二号，阳城街五十八号，怀仁街七十四号，五台街七十九号，安邑街七十九号，曲沃街三十一号，兰山街八号，嘉祥街二十八号，聊城街八十四号，曲阜街八十七号，德州街九十五号，即墨街一百零五号，博山街一百十二号，泰安街一百十七号，松北街六十号，布西街十四号，广州街二号，汕头街四十七号，钦州街四十号，新会街三十三号，香山街二十八号，潮州街二十号，顺德街十五号，公用地二十三号，总计地号六千一百九十四。依拟定之计划推测之，全面积可得九十方里。然则未来之松浦市，诚将与哈尔滨相伯仲矣。

三 呼海铁路现况

呼海铁路者，即所谓之滨黑路之一段也。已拟定之滨黑线，即由滨江至黑河之谓也，全长一千八百余里。黑当局本拟完全自办，招商股若干，官方投资若干，预定建筑费为国币二千五百万元。乃者中原多故，戎马倥偬，省库空虚，无力筹筑，前议遂成泡影矣，因之决定建筑呼海之一段。

呼者，呼兰也。海者，海伦也。二地均属黑龙江省绥兰道。呼兰县距松花江岸尚六十里，名为呼海，实则起自哈尔滨对岸之马家船口，即松北镇。自马家船口迄海伦，共为二百二十二公里，尚不足原预定之滨黑线四分之一。十七年十二月十五日，全路通车，由马家船口至海伦，需十时有半。

考该路系于民国十五年春，开始兴筑，秋八月马家船口绥化间开始通车。全部工程，均包与如意公司。全路共有十九站，计马家船口、松浦、徐家、呼兰、马家、沈家、康金井、石人城、白奎堡、兴隆镇、万发屯、泥河、绥化、秦家、四方台、张维屯、克音河、东边井、海伦是也。

路局设于松浦总站，设正副局长各一员，分设总务、车务、工程、会计四科。总务分警务、文书、庶务、材料、调查、购地等六股，车务分运转、营业、机务、计核等四股，工程分技术、电务两股，会计分综核、出纳、检查等三股。除总务科外，每科并设有文牍室。

现每日由马家船口、海伦二地，各开行客货混合列车一次，每次挂一二等混合客车一辆，三等客车四辆，行李守车一辆，货车四五辆不等。马家船口绥化间，来往各一次。

由马家船口至海伦，一等十五元七角，二等九元四角，三等六元三角。现在每日收客货运费，全路计一万余元；全路之经常开销，每日须六千余元，是以收入超过支出多多矣。但冬季特产物运输畅旺之期，收入尚不止此数。

现有机车二十一辆，客车二十七辆，货车三百〇四辆。凡轨道机车及客货车等，均系购自南满洲铁道株式会社者。轨道宽四尺八寸五分，与京奉、南满、吉长、四洮等路均同。

该路纯系华人自办，无少许外人之投资，亦非借外债而兴筑者，故黑督吴俊升，对于该路，关心异常，每次莅哈，必躬赴该路视察，并指导一切。总理高云昆，尤热心任事，驭下尤严，故成绩卓著。该路适当黑省特产物富饶之区，来日方长，前途实未可量。不佞亦祝贺该路前途，与日俱进焉。

附录三　哈埠与世界各大都市时间之对照

兹以哈尔滨正午十二时为标准时间（东省铁路全线同）

北京　　　　　　　　　　　午前十一点二十二分

上海　　　　　　　　　　　午前十一点三十八分

恰克图　　　　　　　　　　午前十点四十分

南满全线　　　　　　　　　午前十一点三十四分

（按：南满全线之时间迟东省铁路二十六分）

塔什干	午前九点〇四分
日本全国标准时	正午十二点三十四分
海参崴	正午十二点二十二分
伯里	正午十二点三十二分
庙街	正午十二点五十六分
海兰泡	正午十二点〇三分
尼布楚	午前十一点二十分
赤塔	午前十一点〇七分
南京	午前十一点三十一分
伊尔库次克	午前十点三十分
鄂木斯克	午前八点二十六分
托木斯克	午前九点十三分
莫斯克	午前六点〇三分
里加	午前五点〇九分
列宁格勒	午前五点三十四分
敖得萨	午前五点四十六分
希尔新福	午前五点十三分
基辅	午前五点三十五分
第夫力斯	午前六点三十二分
瓦萨	午前四点五十七分
斯德哥尔摩	午前四点四十四分
基利斯约安纳	午前四点十六分
哥本哈根	午前四点二十二分
柏林	午前四点二十六分

亚摩斯德丹	午前三点五十分
布鲁舍拉	午前三点四十三分
巴拉加	午前四点三十分
维也纳	午前四点三十七分
巴黎	午前三点十分
伯尔尼	午前四点〇二分
布达佩斯	午前四点五十分
罗马	午前四点二十三分
马德里	午前三点十七分
里斯本	午前二点五十四分
布加勒斯多	午前五点二十六分
所菲	午前五点〇五分
伯尔哥来得	午前四点五十三分
雅典	午前五点〇七分
都拉索	午前四点四十九分
君士坦丁	午前五点二十四分
伦敦	午前三点三十二分
开伊罗	午前五点三十二分
香港	午前十一点十二分
新加坡	午前十一点〇八分
纽约	亥末十点五十一分
华盛顿	亥末十点二十八分
芝加哥	亥正九点五十四分
旧金山	戌初七点三十八分

里约热内卢	子正十二点五十分
森的牙哥	亥末十点五十四分
巴拿马	亥末十点二十分

附录四　现有各官署局所学校公会报馆银行之地点

1东省特别区行政长官公署	秦家岗长官公署街
2东省特别区市政管理局	道里东商市街
3东省特别区地亩管理局	秦家岗医院街
4东省特别区哈尔滨特别市市政局	道里透笼街
东省特别区哈尔滨特别市市自治会	道里透笼街
5东省特别区警察总管理处	道里中央大街
特别区第一区警察第一署	道里西经纬街与纱曼街拐角
特别区第一区警察第二署	道里地段街
特别区第一区警察第三署	秦家岗齐齐哈尔街
特别区第一区警察第四署	香坊草料街
特别区第一区警察第五署	三十六棚工部街
特别区水上警察署	道里江沿
探访局	道里西警察街
6东省铁路路警处	秦家岗西八杂市法院街
东省铁路路警第一段	秦家岗车站
东省铁路路警第一区	南岗河沟街
东省铁路路警第二区	南岗军官街
东省铁路路警第三区	道里警察街
东省铁路路警第四区	道里工艺街

7东省特别区警官高等学校　　　　　道里军官街

　东省特别区警察传习所　　　　　　道里军官街

8东省特别区教育厅　　　　　　　　秦家岗邮政街

9东省特别区教育会　　　　　　　　秦家岗司理胡同

10区立第一中学校（旧广益学校）　　道里水道街

11区立第二中学校（旧东华学校）　　八站许公路

12区立第三中学校（旧路立普育）　　秦家岗上坎

13许公职业学校（旧名许公储才）　　秦家岗邮政街

14区立第一女子中学校　　　　　　　秦家岗邮政街北京街拐角

　　（旧名从德）

　　区立第一小学校（旧公立第六）　道里中国四道街

　　二中附属小学校（旧市立第一）　八站南马路

　　区立第三小学校　　　　　　　　新安埠五道街

　　（旧市立第二）（区立第二）

　　区立第四小学校（旧公立第八）　秦家岗箭射街

　　区立第五小学校（旧市立第六）　东马家沟卢家街

　　区立第六小学校（旧市立第七）　香坊大街

　　区立第七小学校（旧市立第八）　顾乡屯

　　区立第九小学校（旧路立成河）　新正阳河

　　区立第十小学校（旧路立第一）　地包

　　区立第十一小学校（旧路立第二）　三十六棚

　　区立第十四小学校（旧路立十五）　西马家沟莫斯克兵营

　　区立第十五小学校（旧路立十八）　香坊车站

　　区立第十六小学校　　　　　　　道里中国十四道街

（旧区立第一女子小学）

区立第十七小学校　　　　　　　　秦家岗车站大街

（旧路立普育小学）

区立第十八小学校　　　　　　　　顾乡屯

区立第十九小学校　　　　　　　　鼎新屯

区立第二十小学校　　　　　　　　西八杂市

区立第廿二小学校　　　　　　　　新安埠八道街

（旧吉林哈埠义务教育区第一小学）

区立第廿三小学校　　　　　　　　新安埠三道街

（旧吉林哈埠义务教育区第三小学）

15东省特别区法政大学校　　　　　秦家岗耀景街

（旧名中俄法政大学）

16东省特别区工业大学校　　　　　秦家岗公司街

（旧名中俄工业大学）

17吉林省立第六中学校　　　　　　道里地段街

18东省特别区高等法院　　　　　　秦家岗大直街

　东省特别区高等法院检察处　　　秦家岗大直街

19东省特别区地方法院　　　　　　道里地段大街

　东省特别区地方法院检察处　　　道里石头道大街

　特区监狱　　　　　　　　　　　道理中央大街

　哈尔滨总商会（限于特区范围内）道里田地街

20东省铁路护路军总司令部　　　　秦家岗大直街

　东省铁路护路军长绥司令部　　　秦家岗铁路街

　军医院　　　　　　　　　　　　西马家沟

21东省铁路公司	秦家岗车站街
22东省铁路督办公署	秦家岗大直街
23东省铁路管理局	秦家岗大直街
24滨江交涉员公署	道里地段水道二街之间
25滨江镇守使署	道外北十八十九二街之间
42东北陆军第十八旅司令部	秦家岗西八杂市司令部街
43海军江防舰队部	道外正阳十八道街
26吉林铁路交涉局	道里地段水道二街之间
27黑龙江铁路交涉局	道里买卖地段二街之间
28滨江关监督公署	秦家岗车站街
滨江关税务司	秦家岗车站街
30吉黑榷运滨江总仓	八站煤厂胡同
吉林印花税处长绥办事处	道里军官街
31滨江市政公所	道外北十五道街
滨江税捐征收局	道外北十道街
哈尔滨税捐征收局	道里商铺街
哈尔滨木石税费总局	道里斜纹街
32滨江公安局	道外正阳六道街
滨江公安局济良所	道外北六道街
第一署	道外升平街
第二署	道外北十六道街
第三署	道外小水晶街
第四署	道外维新街
第五署	太平桥

33 松花江下游水上公安局	道外北十二道街
军警稽察处	道外中十八道街
34 东北宪兵第五队第十七中队	道外桃花巷西口
35 滨江地方法院	道外南十四道街
滨江地方法院检察处	道外南十四道街
吉林第三监狱	道外南十四十五道街之间
36 滨江县政府	道外十五十六道街之间
滨江县公安局	道外十五十六道街之间
滨江县实业局	道外正阳十五十六道街之间
滨江县教育局	道外南勋街
滨江县教育会	道外中十一道街
县立第一小学校	道外中十一道街
县立第五小学校	道外北八道街
县立第六小学校	道外太古街
县立第八小学校	道外北小六道街
县立第十小学校	道外北十七道街
县立第十三小学校	道外南十一道街
县立第十九小学校	道外同发街
县立第三十一小学校	道外保障街
东省铁路扶轮育才传习所	道里东药铺街
滨江医学专门学校	道里
东北商船学校	江北船坞
东北水路测量学校	江北船坞
滨江职业学校	道外北十九道街

三育中学校	道外保障街
三育小学校	道外保障街
三育女学校	道外保障街
37吉黑邮务管理局	秦家岗长官公署街
38东北航务局	道外北十二道街江沿
道外电报局	道外北头道街
道里电报局	道里中国十三道街
秦家岗电报局	秦家岗邮政街
哈尔滨长途电话局	道外纯化街
哈满绥长途电话总局	秦家岗长官公署街
滨江电话有限公司	道外中八道街
哈尔滨自动电话局	秦家岗银行街医院街拐角
39哈尔滨电业公司	秦家岗新买卖街
40东北无线电哈尔滨总台	西马家沟
东北无线电哈尔滨道里收发处	道里石头道大街
东北无线电哈尔滨道外收发处	道外北四道街
41哈尔滨无线电话广播电台	秦家岗长官公署街
滨江商务会	道外北五道街
律师公会	道外十五道街
航业公会	道外七道街江沿
风船公会	道外江沿
森林公会	道外北十一道街
医学研究会	道外南十四道街
银行公会	道外南三道街

钱业公会	道外南三道街
粮业公会	道外南四道街
当业公会	道外北五道街
杂货商公会	道外北五道街
客栈同业公会	道外南三道街
鲜货商公会	道外延爽街
大汽车公会	道里中国头道街
小汽车公会	道里中国十五道街
油房公会	八站南马路头道街
火磨公会	八站中马路
运输公会	道外北七道街
铁业公会	道外九道街
成衣行公会	道外南二道街
木商公会	道外北十二道街
青年会	道外北七道街
花界同业公会	道外南十六道街
教养院	道外北十九道街
基督教浸信会	道外十三道街
基督教信义会	道外西门脸
哈尔滨佛教会	秦家岗极乐寺内
三江闽粤会馆	道外正阳六道街
国际协报馆	道里新城大街
大北新报馆	道外桃花巷口
滨江时报馆	道外南头道街

东三省商报馆	道外正阳十三道街
哈尔滨公报馆	道里军官街
午报馆	道外中十七道街
特别市市报社	道里透笼街
晨光报社	道外北十四道街
华北新报社	道外荟芳里东口
中国银行	道外正阳三道街
交通银行	道外正阳大街
东三省银行	道外南四道街
边业银行	道外正阳三道街口
广信公司	道外正阳大街

附录五　驻哈各外国领事馆所在地

英吉利帝国总领事馆	秦家岗大直街
美利坚共和国领事馆	秦家岗大直街
法兰西共和国领事馆	秦家岗齐齐哈尔街
德意志共和国领事馆	秦家岗阿什河街花园街拐角
苏维埃联邦共和国总领事馆	秦家岗吉林街
日本帝国总领事馆	秦家岗新买卖街
意大利王国领事馆	秦家岗吉林街与长官公署街拐角
葡萄牙国领事馆	秦家岗大直街
丹麦帝国领事馆	道里田地街
波兰代表公馆	秦家岗凤翥街